Publication de la Chambre de Commerce Française
DE ROME



# TARIF GÉNÉRAL DES DOUANES



# DU ROYAUME D'ITALIE

Approuvé par Décret royal du 24 Novembre 1895

ROME
IMPRIMERIE EDITRICE ROMANA
*Via della Frezza, 59-61*

1896.

Publication de la Chambre de Commerce Française
DE ROME

# TARIF GÉNÉRAL DES DOUANES



## DU ROYAUME D'ITALIE

Approuvé par Décret royal du 24 Novembre 1895

ROME
IMPRIMERIE EDITRICE ROMANA
*Via della Frezza, 59-61*

1896.

# TARIF DES DOUANES ITALIEN

Le n. 679 du Recueil officiel des lois et décrets du Royaume contient le décret suivant:

HUMBERT Ier

*par la grâce de Dieu et la volonté de la Nation*

ROI D'ITALIE.

Vu l'article 8 de la loi du 8 août 1895, n. 486, qui prescrit la publication par Décret royal, ouï le Conseil d'Etat, du texte unique des dispositions préliminaires au tarif et celui du tarif général des droits de douane, en en coordonnant et subdivisant les dénominations et sous-dénominations, et en supprimant et modifiant les notes en rapport avec les dispositions de la dite loi, avec celles des lois précédentes encore en vigueur, avec les traités de commerce et avec les modifications approuvées par Décret royal du 26 avril 1893, n. 208.

Vu: le Décret royal du 17 novembre 1887, n. 5084 (série 3e) validé par la loi du 29 août 1889, n. 6363 (série 3e); la loi du 14 juillet 1887, n. 4703 (série 3e); la loi du 3 juillet 1864, n. 1827; le Décret législatif du 28 juin 1866, n. 3018; la loi du 3 juin 1874, n. 1950 (série 2e); la loi du 7 avril 1881, n. 143 (série 3e); la loi du 2 avril 1886, n. 3754 (série 3e); la loi du 13 novembre 1887, n. 5028 (série 3e); la loi du 27 novembre 1887, n. 5052 (série 3e); le Décret royal du 10 février 1888, n. 5189 (série 3e) validé par la loi du 12 juillet 1888, n. 5515 (série 3e); la loi du 12 février 1888, n. 5194 (série 3e); le décret ministériel du 31 mars 1888, n. 5330 (série 3e) émané en vertu de la loi du 25 décembre 1887, n. 5119 (série 3e); le Décret royal du 12 avril 1888, n. 5331 (série 3e) validé par la loi du 30 juillet 1888, n. 5601 (serie 3e); le Décret royal du 26 juillet 1888, n. 5602 (série 3e) validé par la loi du 15 mai 1890, n. 6857 (série 3e); le Décret royal du 27 août 1888, n. 5675 (série 3e) validé par la loi du

29 août 1889, n. 6363 (série 3e); le texte unique de la loi douanière approuvé par Décret royal du 8 septembre 1889, n. 6387 (série 3e); le décret royal du 29 septembre 1889, n. 6407 (série 3e) validé par la loi du 15 mai 1890, n. 6858 (série 3e); la loi du 30 juin 1890, n. 6916 (série 3e); la loi du 14 juillet 1891, n. 391; la loi du 14 juillet 1891, n. 682; le Décret royal du 22 novembre 1891, n. 635, validé par la loi du 24 décembre de la même année n. 696; les traités de commerce du 6 décembre 1891 avec l'Autriche-Hongrie et l'Allemagne, rendus exécutoires par la loi du 30 janvier 1892, n. 15; le traité de commerce avec la Suisse, du 19 avril 1892 rendu exécutoire par la loi du 18 juin 1892, n. 269; la loi du 28 juin 1892, n. 301; la loi du 28 juin 1892, n. 302; le Décret royal du 26 avril 1893, n. 208; la loi du 22 juillet 1894, n. 339; le Décret royal du 10 décembre 1894, n. 532 et la loi du 8 août 1895, n. 486 qui l'a validé; le Décret royal du 10 mars 1895, n. 58, validé par la loi du 28 juillet 1895, n. 456; le Décret royal du 10 septembre 1895, n. 574, à convertir en loi, émané en vertu de l'article 7 de la loi du 8 août 1895, n. 486.

Ouï le Conseil d'Etat;

Ouï le Conseil des Ministres;

Sur la proposition de Notre Ministre Secrétaire d'Etat pour les Finances;

Avons décrété et décrétons:

### Article unique.

Sont approuvés le texte unique des dispositions préliminaires au tarif et celui du tarif général des droits de douane annexés au présent Décret et signés par Notre Ordre par le Ministre Secrétaire d'Etat pour les Finances.

Ordonnons que le présent Décret, muni des sceaux de l'Etat, soit inséré dans le recueil officiel des lois et décrets du Royaume d'Italie, et soit observé et fait observer par qui de droit.

Donné à Rome, ce 24 novembre 1895.

HUMBERT.

P. Boselli.

V. *Le garde des sceaux:* Calenda di Tavani.

# Tarif général des droits de douane et dispositions préliminaires y relatives

## DISPOSITIONS PRÉLIMINAIRES.

### Art. 1er

Les droits de douane se perçoivent sans avoir égard à l'état des marchandises, et aucune remise ne pourra être faite en tout ou en partie, pour cause d'avarie, quelle qu'en soit la cause.

Le propriétaire d'une marchandise avariée a le droit d'opter pour sa destruction, à ses frais, en observant les précautions imposées par la douane.

### Art. 2.

Si une ou plusieurs caisses présentées pour le dédouanement contiennent des pièces de marchandises diverses, mais qui réunies ensemble constituent un objet dénommé spécialement dans le tarif, ces pièces, quoique accompagnées de déclarations différentes au nom d'une même personne, et quoique présentées séparément, doivent acquitter le même droit que l'objet qu'elles sont destinées à former.

### Art. 3.

Pour la décision des différends entre la douane et les contribuables, relativement à la classification des marchandises, on suivra la procédure indiquée par la loi du 13 novembre 1887, n. 5028 (série 3e).

### Art. 4.

Les marchandises non dénommées au tarif ni au répertoire sont assimilées à celles avec lesquelles elles ont le plus d'analogie.

L'assimilation est faite par le Ministre des finances, par décret motivé, ouï le Collège consultatif des experts de douane. Ce décret sera publié dans la *Gazzetta Ufficiale*.

La procédure à suivre pour les dites marchandises est celle établie pour les cas de différends pour l'application du tarif, exclu le jugement de la Chambre de Commerce.

### Art. 5.

Les marchandises provenant de pays dans lesquels les navires et les marchandises italiennes reçoivent un traitement différentiel, pourront être soumises à une augmentation de droits de douane jusqu'à 50 pour cent de la limite indiquée dans le tarif général.

Les marchandises exemptes au tarif pourront être frappées d'un droit égal à 25 pour cent de leur valeur commerciale officielle.

Ces mesures seront appliquées par Décret royal. Ce décret indiquera les marchandises qui devront être frappées et la limite du droit plus fort à appliquer.

Le dit Décret royal devra être présenté immédiatement au Parlement pour sa conversion en loi.

### Art. 6.

Dans le cas de variation sur les droits portés au tarif, on appliquera :

*a*) aux marchandises provenant de pays étrangers, des ports francs, des dépôts de douane et des magasins généraux, les droits déjà existants, mais seulement lorsqu'avant l'application des nouveaux droits, il aura été remis au bureau de douane la déclaration pour leur introduction et que la marchandise aura été présentée. On considère comme présentée en douane la marchandise qui est en consigne temporaire ou directe de la douane ainsi que celle qui existe à bord des navires ancrés dans le port pourvu que la consigne du manifeste ait été faite ;

*b*) aux marchandises destinées à des pays étrangers, les droits existant au moment de la consigne du bulletin de sortie ;

*c*) aux marchandises saisies ou frappées de confiscation, les droits existant le jour où elles sont vendues ou consignées soit sous caution soit à la suite de la décision du procès ;

*d*) aux marchandises abandonnées, les droits existant le jour de la vente ;

*e*) aux marchandises provenant de naufrages, les droits existant le jour de la vente ;

*f*) aux marchandises en transit ou destinées d'une douane

à une autre, pour lesquelles le certificat de décharge n'a pas été remis, les droits existant à l'échéance du délai fixé dans le bulletin à caution;

*g)* aux marchandises en transit pour lesquelles il a été obtenu le séjour dans l'Etat, les droits existant le jour où est présentée la déclaration de dédouanement;

*h)* aux marchandises importées temporairement et non réexportées, les droits existant à l'échéance du délai fixé pour la décharge du récépissé.

### Art. 7.

Sont exempts du paiement des droits d'entrée et de sortie, les objets appartenant aux Souverains, aux chefs de gouvernements étrangers et aux princes du sang des familles régnantes qui viennent séjourner dans le Royaume, sous condition de réciprocité de la part de leur Gouvernement.

Sont également exempts les objets appartenant aux chefs de mission du corps diplomatique accrédités en Italie, mais à condition de réciprocité en faveur des chefs de mission italiens accrédités près de leur Gouvernement.

### Art. 8.

Sont exempts du paiement des droits d'entrée et de sortie les effets et le mobilier de première installation appartenant aux consuls étrangers, mais à la condition indiquée à l'article précédent.

Cette exemption ne s'étend pas aux objets de consommation comme: denrées coloniales, articles de régie, vins, liqueurs et autres.

### Art. 9.

L'exemption totale des droits est accordée par la douane sur les articles ci-après et aux conditions y indiquées:

1° Effets et meubles usés des employés du Gouvernement de retour dans le Royaume après avoir rempli leur mission au delà de la limite douanière, ainsi que les effets usés appartenant aux corps militaires en garnison dans des pays compris dans la zone douanière;

2° Publications scientifiques et autres objets que les Instituts scientifiques étrangers, envoient en don aux Instituts scientifiques italiens. Pour obtenir cette exemption il sera nécessaire de prouver la realité du don par la présentation à la douane de la lettre de l'Institut qui en fait l'expédition, et la déclaration de celui qui le reçoit;

3° Effets, armes et instruments portatifs des voyageurs, et leur petit bagage de livres, linges de lit et de table qu'ils ont avec eux, pourvu qu'ils soient usés et proportionnés à leur condition. L'exemption est accordée lors même que ces effets ne sont pas accompagnés du voyageur pourvu, toutefois, que le temps couru après son passage ne dépasse pas trois mois;

4° Vêtements, ameublements de théâtre usés, pièces d'opéra que les acteurs ou artistes portent avec eux en se transférant d'un lieu à un autre; instruments usés des artistes ambulants; animaux conduits par des bateleurs pour spectacles publics;

5° Voitures publiques ou de poste, diligences et autres semblables ayant l'autorisation et les distinctifs prescrits; chars nationaux servant à l'agriculture et au transport de marchandises ayant un passage périodique connu des agents de douane, et bêtes de tir attelées aux susdits véhicules;

6° Effets, meubles, livres, voitures, ustensiles nécessaires à la profession, et autres objets d'usage domestique, appartenant aux personnes qui transfèrent leur domicile dans le Royaume, à la condition que le tout soit usé, proportionné à la condition du propriétaire et que l'introduction en soit faite dans un délai ne dépassant pas six mois du jour de la déclaration du transfert de résidence. Cette exemption est accordée par la douane après la présentation d'un certificat du Municipe du lieu ou a été fixée la nouvelle résidence constantant la position de famille, le lieu de la résidence précédente et la date de la déclaration de transfert;

7° Instruments agricoles, meubles et effets que les paysans italiens, domiciliés à l'extrême frontière, introduisent pour des motifs de travail ou de transfert de domicile;

8° Produits naturels des propriétés coupées par la ligne douanière et appartenant à des sujets italiens, lorsque ces produits sont importés pour être conservés dans la ferme, dans les greniers ou autres lieux situés sur les dites propriétés;

9° Viande fraîche en quantité n'excédant pas quatre kilogrammes; fromage, beurre frais et lait en quantité ne dépassant pas deux kilogrammes, à la condition que ces produits soient destinés à être consommés dans les Communes situées à l'extrème frontière ;

10° Echantillons sans valeur destinés à faire connaître les objets dont ils font partie. L'exemption s'étend également aux échantillons de papier et d'étoffe de tenture ayant juste la dimension nécessaire pour en faire connaître le dessin entier; aux échantillons de porcelaine, d'étoffe et d'autres marchandises contenant plusieurs dessins dans une seule pièce, pourvu que l'importateur s'engage à les rendre inservables à d'autres usages qu'à celui auquel ils sont destinés;

11° Marchandises nationales sauvées de naufrage en vue du rivage, pourvu que la nationalité en soit constatée d'une façon certaine ;

12° Débris de mâts et de voiles, ancres, cordages de navires de tout pavillon, naufragés sur le littoral de l'Etat, ainsi que ces mêmes débris de navires nationaux naufragés sur des côtes étrangères pourvu que l'importation de ces derniers soit effectuée dans le délai de neuf mois, et le naufrage soit prouvé par des certificats réguliers ;

13° Approvisionnements de bord en excédent, pourvu que l'origine nationale en soit reconnue et qu'il ne s'agisse pas d'articles monopolisés par l'Etat ;

14° Approvisionnements de bord, d'origine étrangère, servant à la consommation de l'équipage et des passagers des navires étrangers ou nationaux pendant leur séjour dans les ports de l'Etat.

### Art. 10.

L'exemption totale des droits de sortie est accordée sur les articles suivants :

1° Produits naturels des propriétés coupées par la ligne douanière et appartenant à des sujets italiens ;

2° Approvisionnements de bord pourvu qu'ils soient proportionnés au nombre des passagers et à l'équipage et à la durée du voyage ;

3° Effets et meubles usés des employés du Gouvernement qui vont remplir leur mission au delà de la ligne douanière.

Art. 11.

L'exemption des droits d'entrée sur les articles suivants est subordonnée à l'obligation de leur retour à l'étranger:

1° Vélocipèdes montés par leur propriétaires;

2° Vêtements, linges, etc. destinés au blanchissage, et objets servant aux travaux domestiques et agricoles des pays situés à l'extrême frontière;

3° Vêtements, linges et effets de literie importés des navires pour le blanchissage; pharmacies portatives débarquées des dits navires pour être approvisionnées.

Il doit être versé, pour les vélocipèdes, comme garantie, le double du droit d'entrée; pour les autres articles la surveillance des agents de douane est suffisante à moins qu'il ne s'agisse de personnes habituées à la contrebande.

Art. 12.

Aucune exemption de paiement des droits de douane, en dehors de celles indiquées aux articles précédents, ne peut être accordée qu'en vertu d'une loi.

Art. 13.

Le Gouvernement du Roi, ouï le Conseil d'Etat et le Conseil de l'industrie et du commerce, a la faculté de prescrire, par Décret royal, que des nouveaux produits destinés à l'exportation, soient admis au remboursement du droit sur les matières premières employées, et de changer les remboursements en vigueur en raison des nouveaux droits.

Art. 14.

L'importation des matières médicinales et des médicaments composés non approuvés par le Conseil Supérieur d'hygiène, est défendue.

Art. 15.

La sortie des marchandises, considérées comme contrebande de guerre, peut être prohibée par Décret royal.

L'importation de produits, plantes, bestiaux peut être également prohibée par Décret royal dans le but de sauvegarder l'hygiène publique, l'agriculture et le bétail.

Ces décrets devront être présentés au Parlement pour être convertis en lois.

### Art. 16.

Les marchandises qui, par dispositions spéciales, ne peuvent pas être introduites dans le Royaume, et celles qui sont considérées par les autorités compétentes comme nuisibles à l'hygiène publique doivent être détruites ou réexportées aux frais de l'importateur dans le délai fixé par l'Autorité Sanitaire.

### Art. 17.

Le dédouanement des tabacs travaillés est autorisé à la condition qu'ils servent à l'usage personnel de l'importateur: jusqu'à quatre kilogrammes dans les douanes de premier ordre et dans celles de second ordre de la première classe, et jusqu'à deux kilogrammes dans les autres douanes. Pour l'introduction de quantités supérieures à quatre kilogrammes, l'autorisation du Ministère est nécessaire.

### Art. 18.

Les bulletins de douane sont soumis aux droits de timbre ci-après et aux dixièmes d'augmentation:

Lire 1 pour les bulletins à caution relatifs aux marchandises étrangères et pour les laisser-passer que l'on délivre aux navires obligés de se pourvoir du manifeste de départ quand ils sont chargés exclusivement de marchandises nationales ou de marchandises étrangères accompagnée d'un bulletin à caution;

Lire 0,50 pour les bulletins d'introduction dans les dépôts, soit qu'ils se réfèrent à des marchandises étrangères, soit qu'ils se réfèrent à des marchandises nationales; pour les laisser-passer de marchandises étrangères et pour les récépissés et quittances pour recettes de douane de toute espèce, quand la somme payée ne dépasse pas 10 lires;

Lire 0,10 pour les laisser-passer remis aux navires qui sont dispensés du manifeste de départ; pour les récépissés et quittances pour recettes de douane de toute espèce, quand la somme payée ne dépasse pas 10 lires, et pour tout autre bulletin de douane.

Sont exempts du droit de timbre: les récépissés délivrés pour le paiement supplémentaire des droits de douane perçus en moins; ceux pour le paiement des amendes et ceux pour sommes déposées. Cette exemption ne s'étend pas aux quittances délivrées pour droit de magasinage échu, ou pour les marques appliquées après la liquidation définitive des droits de douane.

Sont également exempts les bulletins pour l'importation temporaire et l'exportation des bestiaux conduits au pâturage et au labeur, et des céréales destinés à la mouture dans la zone de frontière, à la condition de réciprocité de traitement de la part des Etats voisins.

### Art. 19.

Pour les marchandises sous surveillance temporaire, comme pour celles dans les magasins sous la surveillance directe de la douane, il est perçu le droit de magasinage en raison de un centime par jour et pour chaque colis dans les douanes ouvertes aux dépôts, et de deux centimes dans les autres.

Pour la liquidation de ce droit il n'est pas tenu compte des trois premiers jours ni de ceux d'entrée en douane et de sortie, s'il s'agit de marchandises étrangères.

S'il s'agit de marchandises nationales ou nationalisées le droit de magasinage sera perçu pour tout le temps que les marchandises resteront en douane, exclus les jours de l'entrée et de la sortie.

Le colis dépassant le poids de 100 kilog. est compté pour deux ou plus, en raison de un colis par cent kilog. ou fraction de 100 kilog. La même règle sera observée pour les marchandises en vrac.

### Art. 20.

L'approbation du tarif des salaires pour le mouvement des marchandises dans les douanes, où les manœuvres sont organisées conformément aux réglements approuvés par le Décret royal du 4 décembre 1864, appartient aux Intendants de Finance, ouï les Chambres de Commerce.

Vu d'ordre de S. M.

*Le Ministre Secrétaire d'Etat pour les Finances*

P. Boselli.

# Tarif général des droits de douane

## CLASSIFICATION DES MARCHANDISES

Catégorie I. — Spiritueux, boissons et huiles.
Id. II. — Denrées coloniales, épices, tabacs.
Id. III. — Produits chimiques, espèces médicinales, résines et parfumerie.
Id. IV. — Couleurs, teintures et tannins.
Id. V. — Chanvre, lin, jute et autres végétaux filamenteux, excepté le coton.
Id. VI. — Coton.
Id. VII. — Laine, crin, poil.
Id. VIII. — Soie.
Id. IX. — Bois et paille.
Id. X. — Papiers et livres.
Id. XI. — Peaux.
Id. XII. — Minerais, métaux bruts et ouvrés.
Id. XIII. — Pierres, terres, vaisselle, verres et cristaux non compris dans d'autres catégories.
Id. XIV. — Céréales, farines, pâtes et produits végétaux non compris dans d'autres catégories.
Id. XV. — Animaux, produits et dépouilles d'animaux.
Id. XVI. — Objets divers.
Id. XVII. — Métaux précieux.

| Numéros et lettres | DÉNOMINATION DES MARCHANDISES | UNITÉ | DROITS d'entrée | DROITS de sortie |
|---|---|---|---|---|
| | | | Lires Cent. | L. C. |
| | **CATÉGORIE I.** | | | |
| | **Spiritueux, boissons et huiles.** | | | |
| 1 | Eaux minérales, naturelles ou artificielles. | 100 kilog. | 5 — | |
| | Les eaux minérales naturelles ou artificielles sont celles qui sont exclusivement destinées à un usage médicinal, mais contenant seulement des matières salines ou gazeuses. | | | |
| 2 | Eaux gazeuses (*a*) . . . . . . . . | d. | 5 — | |
| 3 | Vins : | | | |
| *a* | de toute sorte, en futailles (*b*). . . . | Hectolitre | 20 — | |
| *b* | en bouteilles. . . . . . . . . . | Le cent | 60 — | |
| | Les bouteilles contenant des boissons fermentées paieront comme ayant la capacité d'un litre lors même qu'elles contiendraient une quantité inférieure de liquide. Les bouteilles contenant plus d'un litre et pas plus de deux litres paieront comme deux bouteilles, et suivant cette méthode, seront dédouanées les bouteilles d'une capacité plus grande. Il ne sera fait aucune exception si les contenants sont de formes différentes de celles des bouteilles (dames-jeannes, flacons, etc.), ou s'ils sont en terre ou en toute autre matière que du verre. | | | |
| 4 | Bière : (*c*) | | | |
| *a* | en futailles . . . . . . . . . . . | Hectolitre | 12 — | |
| *b* | en bouteilles . . . . . . . . . . | Le cent | 20 — | |
| 5 | Spiritueux : (*d*) | | | |
| *a* | Alcool pur, en futailles (*e*) . . . . . | Hectolitre | 30 — | |
| *b* | édulcorés ou aromatisés, y compris le rhum, l'eau-de-vie, etc. en futailles: (*e*) | | | |
| | 1. Cognac . . . . . . . . . | d. | 90 — | |
| | 2. de toute autre sorte. . . . . | d. | 60 — | |

(*a*) Sur les eaux gazeuses, en sus du droit, il est perçu la surtaxe de fabrication de lires 4 par hectolitre.

(*b*) Sur le vin naturel dont la force alcoolique est supérieure à 15 degrés, en sus du droit sur le vin, il est perçu pour chaque degré excédant cette limite, le droit et la surtaxe sur l'alcool, en raison d'un litre d'alcool anhydre, par degré et par hectolitre. Les fractions de degré ne dépassant pas les 5/10 sont négligées; celles dépassant les 5/10 sont comptées pour un degré.

Dans le droit sur les vins en futailles est aussi compris le droit sur le récipient.

(*c*) En sus du droit de douane, la bière est passible d'une surtaxe de fabrication de lires 19,20 par hectolitre, sauf la faculté pour l'importateur de la payer en raison des degrés saccharométriques et de ceux alcoolométriques effectivement constatés.

(*d*) En sus du droit de douane, il est perçu sur les spiritueux, la surtaxe de fabrication en raison de lires 180 par hectolitre d'alcool anhydre, à la température de 15 degrés 56 du thermomètre centigrade.

(*e*) Dans le droit sur l'alcool pur édulcoré ou aromatisé en futailles, est compris le droit sur le récipient.

| Numéros et lettres | DÉNOMINATION DES MARCHANDISES | UNITÉ | DROITS d'entrée | DROITS de sortie |
|---|---|---|---|---|
| | | | Lires Cent. | L. C. |
| | Spiritueux (Suite) : | | | |
| c | en bouteilles de plus de demi-litre et pas plus d'un litre : | | | |
| | 1. Cognac . . . . . . . . . . | Le cent | 90 — | |
| | 2. de toute autre sorte. . . . . | d. | 60 — | |
| d | en bouteilles de demi-litre ou moins : | | | |
| | 1. Cognac . . . . . . . . . . | d. | 67 50 | |
| | 2. de toute autre sorte. . . . . | d. | 45 — | |
| 6 | Ether et chloroforme (*a*). . . . . . | 100 kilog. | 4 — | |
| 7 | Huiles fixes : | | | |
| a | de poisson brutes . . . . . . . . | d. | 6 — | |
| b | d'olive . . . . . . . . . . . . | d. | 15 — | |
| c | de lin : | | | |
| | 1. cuite. . . . . . . . . . . | d. | 26 — | |
| | 2. autre . . . . . . . . . . | d. | 24 — | |
| d | de coton (*b*). . . . . . . . . . | d. | 24 — | |
| e | non dénommées . . . . . . . . | d. | 24 — | |
| 8 | Huiles minérales, de résine et de goudron : | | | |
| a | lourdes . . . . . . . . . . . . | d. | 8 - | |
| | On entend par huiles lourdes les huiles minérales de résine et de goudron destinées au graissage des machines, à la fabrication du gaz d'éclairage, à la préparation du jute pour la filature ; ces huiles ont une densité supérieure à 0,875 et ne peuvent être employées ni seules, ni mélangées, à l'éclairage dans les lampes ordinaires. Les propriétés que doivent avoir les huiles lourdes pour être considérées comme non adaptées à l'éclairage sont déterminées par décret royal ouï le Conseil d'Etat. | | | |
| b | autres. . . . . . . . . . . . | d. | 48 — | |
| 9 | Huiles volatiles ou essences : (*c*) | | | |
| a | de rose . . . . . . . . . . . . | Kilog. | 40 — | |
| b | d'oranges et leurs variétés . . . . . | d. | 1 50 | |
| c | de girofle. . . . . . . . . . . . | d. | 7 50 | |
| d | de menthe . . . . . . . . . . . | d. | 7 50 | |
| e | non dénommées. . . . . . . . . . | d. | 3 — | |
| | Le droit sur les huiles volatiles ou essences est perçu sans défalquer le poids des contenants immédiats. | | | |

(*a*) Sur l'éther et le chloroforme, outre le droit, il est perçu le droit sur l'alcool en raison de lires 4,20 par kilogramme sans déduction du poids des récipients immédiats.

(*b*) Sur l'huile de coton pure ou mélangée avec de l'huile d'olive ou autres huiles, il est perçu outre le droit, la surtaxe de fabrication en raison de lires 14 par 100 kilogrammes.

(*c*) Sur les essences spiritueuses de rhum, cognac et autres, contenant de l'alcool, outre le droit qui leur est propre, il est perçu la surtaxe sur l'alcool en raison de lire 1,02 par kilogramme sans déduction du poids des récipients immédiats.

| Numéros et lettres | DÉNOMINATION DES MARCHANDISES | UNITÉ | DROITS d'entrée | DROITS de sortie |
|---|---|---|---|---|
| | | | Lires Cent. | L. C. |
| 10 | Levures . . . . . . . . . . . . | — | exemptes | |
| | **CATÉGORIE II** | | | |
| | **Denrées coloniales, épices et tabacs.** | | | |
| 11 | Café: | | | |
| *a* | naturel . . . . . . . . . . . . | 100 kilog. | 150 — | |
| *b* | torréfié . . . . . . . . . . . . | d. | 207 — | |
| 12 | Chicorée et tout autre succédané du café: | | | |
| *a* | sèche . . . . . . . . . . . . . | — | exempte | |
| *b* | moulue ou simplement torréfiée (*a*) . . | 100 kilog. | 15 — | |
| 13 | Mélasse. . . . . . . . . . . . . | d. | 10 — | |
| | La mélasse brute destinée à la fabrication du cirage et à d'autres usages analogues, y compris la fabrication des couleurs, paiera une lire par 100 kilogrammes après adultération, suivant le mode prescrit par le Ministère des Finances. | | | |
| 14 | Sucre: | | | |
| *a* | de première classe. . . . . . . . | d. | 99 — | |
| | A la première classe appartiennent tous les sucres qui présentent un degré de blancheur supérieur au type N. 20 hollandais ou qui soient colorés artificiellement et ceux mélangés de matières susceptibles d'en abaisser le degré de blancheur. | | | |
| *b* | de deuxième classe . . . . . . . . | d. | 88 — | |
| 15 | Glucose: | | | |
| *a* | solide: | | | |
| | 1. de première classe . . . . . | d. | 90 — | |
| | Est réputé de première classe le glucose solide qui présente un degré de blancheur supérieur au type de sucre N. 20 hollandais. | | | |
| | 2. de deuxième classe . . . . . | d. | 70 — | |
| *b* | liquide . . . . . . . . . . . . | d. | 50 — | |
| 16 | Confitures et conserves au sucre ou au miel . . . . . . . . . . . . | d. | 125 — | |
| 17 | Biscuits pour le thé . . . . . . . | d. | 60 — | |

(*a*) Sur la chicorée préparée et sur toute autre substance qui dans la consommation peut servir aux usages de la chicorée preparée ou du café, outre le droit, on perçoit la surtaxe de fabrication de lires 50 par 100 kg.

| Numéros et lettres | DÉNOMINATION DES MARCHANDISES | UNITÉ | DROITS d'entrée | DROITS de sortie |
|---|---|---|---|---|
| | | | Lires Cent. | L. C. |
| 18 | Sirops: | | | |
| *a* | pour boissons | 100 kilog. | 60 — | |
| | Les sirops contenant des substances médicinales sont traités comme médicaments composés. | | | |
| *b* | de fécule | d. | 40 — | |
| 19 | Cacao: | | | |
| *a* | en grains | d. | 100 — | |
| *b* | concassé, moulu ou en pâte | d. | 125 — | |
| 20 | Chocolat | d. | 200 — | |
| 21 | Cannelle | d. | 150 — | |
| 22 | Clous de girofle | d. | 150 — | |
| 23 | Poivre et piment | d. | 120 — | |
| 24 | Thé | d. | 250 — | |
| 25 | Vanille | d. | 350 — | |
| 26 | Safran | d. | 450 — | |
| 27 | Noix muscades: | | | |
| *a* | en coque | d. | 60 — | |
| *b* | sans coque | d. | 300 — | |
| 28 | Moutarde: | | | |
| *a* | graines | — | exemptes | |
| *b* | liquide, en poudre ou composée | 100 kilog. | 11 — | |
| 29 | Epices non dénommées | d. | 27 50 | |
| 30 | Tabac: | | | |
| *a* | en feuilles et côtes de feuilles | — | prohibé | |
| *b* | fabriqué: | | | |
| | 1. Cigares de Manille, de la Havane, façon Havane et cigarettes | Kilog. | 35 — | |
| | Sont réputés de la Havane : tous les cigares fabriqués avec des feuilles de tabac de Cuba, de Varinas, de Porto-Rico, de Java, de Colombie et de qualités similaires. Sont réputés façon Havane : tous les cigares fabriqués avec n'importe quelle espèce de tabac, dont la forme et l'emballage ressemblent à ceux des vrais cigares de la Havane. | | | |
| | 2. de toute autre qualité | d. | 20 — | |

| Numéros et lettres | DÉNOMINATION DES MARCHANDISES | Unité | Droits d'entrée | Droits de sortie |
|---|---|---|---|---|
| | | | Lires Cent. | L. C. |
| | **CATÉGORIE III** | | | |
| | **Produits chimiques, genres médicinaux, résines et parfumeries.** | | | |
| 31 | Acides : | | | |
| *a* | acétique impur | 100 kilog. | 1 — | |
| *b* | acétique liquide (y compris le vinaigre ordinaire) contenant d'acide acétique pur : | | | |
| | 1. 10 pour cent ou moins | d. | 15 — | |
| | 2. plus de 10 et moins de 50 pour cent | d. | 90 — | |
| | 3. 50 pour cent ou plus | d. | 180 — | |
| *c* | acétique cristallisé | d. | 200 — | |
| *d* | arsénieux | — | exempt | |
| *e* | borique | 100 kilog. | exempt | 2 20 |
| *f* | carbonique | d. | 10 — | |
| *g* | phénique | d. | 10 — | |
| *h* | phosphorique | d. | 10 — | |
| *i* | gallique et tannique : | | | |
| | 1. impurs | — | exempts | |
| | 2. purs | 100 kilog. | 10 — | |
| *j* | hydrochlorique | d. | 1 — | |
| *l* | nitrique | d. | 1 50 | |
| *m* | pyrogallique | d. | 10 — | |
| *n* | salicilique | d. | 80 — | |
| *o* | sulfurique | d. | 0 50 | |
| *p* | sulfureux | d. | 10 — | |
| *q* | tartrique | d. | 10 — | |
| *r* | non dénommés | d. | 10 — | |
| 32 | Ammoniaque | d. | 5 — | |
| 33 | Potasse et soude caustique | d. | 2 — | |
| 34 | Alcaloïdes : | | | |
| *a* | sels de quinine | Kilog. | 12 — | |
| *b* | non dénommés et leurs sels | d. | 12 — | |
| 35 | Oxydes : | | | |
| *a* | d'aluminium hydraté (alumine pure) | 100 kilog. | 4 — | |

| Numéros et lettres | DÉNOMINATION DES MARCHANDISES | UNITÉ | DROITS d'entrée | DROITS de sortie |
|---|---|---|---|---|
| | | | Lires Cent | L. C. |
| | Oxydes (suite) : | | | |
| *b* | de fer . . . . . . . . . . . . . | 100 kilog. | 4 — | |
| *c* | de plomb. . . . . . . . . . . . | d. | 4 — | |
| *d* | d'étain . . . . . . . . . . . . | d. | 4 — | |
| *e* | de zinc . . . . . . . . . . . . | d. | 5 — | |
| 36 | Acétates et pyrolignites : | | | |
| *a* | acétate de chaux impur . . . . . . | d. | 1 — | |
| *b* | non dénommés, les acétates d'alcaloïdes, ceux ammoniacaux et de mercure, exclus . . . . . . . . . . . | d. | 4 — | |
| 37 | Carbonates : | | | |
| *a* | de baryte . . . . . . . . . . . | d. | 2 — | |
| *b* | de magnésium . . . . . . . . . . | d. | 25 — | |
| *c* | de plomb. . . . . . . . . . . . | d. | 8 — | |
| *d* | de potassium . . . . . . . . . . | d. | 0 50 | |
| *e* | de sodium . . . . . . . . . . . | d. | 0 50 | |
| 38 | Magnésie calcinée ou caustique . . . . | d. | 50 — | |
| 39 | Chlorures : | | | |
| *a* | de chaux, de potasse et de soude (hypochlorites) . . . . . . . . . . | — | exempts | |
| *b* | de calcium . . . . . . . . . . . | — | exempt | |
| *c* | de magnésium . . . . . . . . . . | 100 kilog. | 1 — | |
| *d* | de potassium . . . . . . . . . . | — | exempt | |
| 40 | Nitrates : | | | |
| *a* | d'argent . . . . . . . . . . . . | Kilog. | 5 — | |
| *b* | de potassium . . . . . . . . . . | 100 kilog. | 3 — | |
| *c* | de sodium : | | | |
| | 1. brut. . . . . . . . . . | — | exempt | |
| | 2. raffiné . . . . . . . . . | 100 kilog. | 3 — | |
| 41 | Borax ou borate de sodium . . . . . | d. | 0 50 | |
| 42 | Sel marin et sel gemme . . . . . . . | 1000 kilog. | prohibé | 0 22 |
| | L'importation du sel est permise avec exemption de droit dans les îles où le monopole n'est pas en vigueur. Est considéré comme sel tout mélange de sels solubles dans lequel le chlore et le sodium entrent dans des proportions supérieures aux suivantes : Chlore . . . . . . . . 15,2 pour cent; Sodium . . . . . . . . 9,8 id. | | | |

| Numéros et lettres | DÉNOMINATION DES MARCHANDISES | UNITÉ | DROITS d'entrée | DROITS de sortie |
|---|---|---|---|---|
| | | | Lires Cent. | L. C. |
| 43 | Sulfates: | | | |
| *a* | d'aluminium et aluns composés . . . | 100 kilog. | 1 — | |
| *b* | d'ammonium: | | | |
| | 1. brut. . . . . . . . . . . | — | exempt | |
| | 2. dépuré . . . . . . . . . | 100 kilog. | 1 — | |
| *c* | de baryte. . . . . . . . . . . | d. | 1 — | |
| *d* | de fer . . . . . . . . . . . | d. | 2 — | |
| *e* | de magnésium . . . . . . . . . | d. | 1 50 | |
| *f* | de manganèse . . . . . . . . . | d. | 2 — | |
| *g* | de potassium . . . . . . . . . | — | exempt | |
| *h* | de cuivre et sulfate double de cuivre et de fer . . . . . . . . . . | 100 kilog. | 2 — | |
| *i* | de sodium . . . . . . . . . . | d. | 0 50 | |
| *l* | de zinc . . . . . . . . . . . | d. | 2 — | |
| 44 | Tartre (bitartrate de potassium), tartre de fût et lie du vin . . . . . . | d. | exempts | 2 20 |
| 45 | Crême de tartre. . . . . . . . . | d. | 4 — | |
| 46 | Sulfure de mercure (cinabre ou vermillon). | d. | 100 — | |
| 47 | Allumettes (*a*): | | | |
| *a* | en bois . . . . . . . . . . . | d. | 10 — | |
| *b* | en stéarine, en cire et similaires . . . | d. | 15 — | |
| 48 | Phosphore blanc et rouge. . . . . . | d. | 100 — | |
| | Le phosphore destiné à la fabrication des allumettes de toute sorte est admis à l'exemption du droit à condition d'observer les règles qui seront établies par le Ministre des Finances pour en assurer l'introduction dans les fabriques. L'importation du phosphore pour d'autres usages est subordonnée à la permission du Ministre des Finances en se conformant aux disciplines spéciales qui seront établies par le même Ministre. | | | |
| 49 | Nitrobenzine brute . . . . . . . . | d. | 4 — | |
| 50 | Brome et iode . . . . . . . . . | — | exempts | |
| 51 | Bromures et iodures, ceux d'alcaloïdes exclus . . . . . . . . . . . | 100 kilog. | 50 — | |
| 52 | Sels de bismuth. . . . . . . . . | d. | 100 — | |

(*a*) Sur les allumettes outre le droit, il est perçu la surtaxe de fabrication en raison de lire 0,01 chaque 30 allumettes en cire, en bois ou d'autres matières fines c'est-à-dire paraffinées et stéarinées, etc; et dans la même mesure sur chaque 3 allumettes de cire rats-de-cave (ascendiscala) et pour chaque 60 allumettes de bois ou d'autres matières communes, c'est-à-dire soufrées. Les allumettes à deux têtes inflammables paient une double surtaxe.

| Numéros et lettres | DÉNOMINATION DES MARCHANDISES | UNITÉ | DROITS d'entrée | DROITS de sortie |
|---|---|---|---|---|
| | | | Lires Cent. | L. C. |
| 53 | Sublimé corrosif. . . . . . . . . | 100 kilog. | 30 — | |
| 54 | Sels de mercure non dénommés. . . . | d. | 100 — | |
| 55 | Sels ammoniacaux, les bromures et iodures d'ammonium, exclus . . . . . | d. | 10 — | |
| 56 | Salicitates, ceux d'alcaloïdes exclus . . | d. | 80 — | |
| 57 | Saccharine . . . . . . . . . . . | Kilog. | 10 — | |
| | La saccharine peut être importée seulement pour l'usage pharmaceutique en observant les règles qui seront établies par le Ministre des Finances. | | | |
| 58 | Paraffine solide . . . . . . . . . | 100 kilog. | 15 — | |
| 59 | Produits chimiques non dénommés (*a*) . | d. | 10 — | |
| 60 | Poudre à feu et autres matières fulminantes: (*b*) | | | |
| *a* | poudres: | | | |
| | 1. de mine . . . . . . . . . | d. | 150 — | |
| | 2. de chasse . . . . . . . . . | d. | 200 — | |
| *b* | Autres matières fulminantes . . . . | d. | 180 — | |
| 61 | Cartouches, capsules et mèches: | | | |
| *a* | cartouches vides sans capsules. . . . | d. | 60 — | |
| *b* | cartouches vides avec capsules. . . . | d. | 160 — | |
| *c* | cartouches chargées . . . . . . . | d. | 270 — | |
| | Sont considérées comme cartouches chargées celles qui, ne renfermant pas de poudre à feu, sont garnies du fulminate. | | | |
| *d* | capsules . . . . . . . . . . . . | d. | 260 — | |
| *e* | mèches de mineurs . . . . . . . . | d. | 50 — outre le droit afférant à l'enveloppe (*c*) | |
| 62 | Racines de réglisse. . . . . . . . . | — | exemptes | |

(*a*) Sur les produits chimiques non dénommés contenant de l'alcool ou dans la fabrication desquels il a été employé de l'alcool, outre le droit qui leur est propre, il est perçu la surtaxe sur la quantité d'alcool qui a été introduite en même temps que ces produits ou qui fut employée dans leur fabrication.

La mesure de cette surtaxe est déterminée par le Ministre des Finances ouï le collège des experts de douane.

(*b*) Tant sur les poudres de mine que de chasse, (fabriquées avec du nitre, du soufre et du charbon) ainsi que sur les autres matières explosibles, outre le droit, il est perçu une surtaxe égale à la taxe intérieure de fabrication.

(*c*) Le poids de l'enveloppe est calculé dans la mesure de 2|3 du poids entier sur lequel grève le droit fixe de lires 50.

| Numéros et lettres | DÉNOMINATION DES MARCHANDISES | UNITÉ | DROITS d'entrée | DROITS de sortie |
|---|---|---|---|---|
| | | | Lires Cent. | L. C. |
| 63 | Herbes, fleurs, feuilles, lichens et racines médicinales non dénommées . . . . | 100 kilog. | 2 — | |
| 64 | Casse et tamarins naturels (*a*) . . . . | d. | 7 — | |
| 65 | Manne en sorte ou en larmes . . . . | d. | 10 — | |
| 66 | Camphre: | | | |
| *a* | brut . . . . . . . . . . . . . | — | exempt | |
| *b* | raffiné. . . . . . . . . . . . . | 100 kilog. | 25 — | |
| 67 | Écorces: | | | |
| *a* | fraîches ou sèches de citron, d'orange et de leurs variétés . . . . . . | — | exemptes | |
| *b* | de quinquina . . . . . . . , . . | — | d. | |
| 68 | Sucs: | | | |
| *a* | d'orange . . . . . . . . . . . . | | d. | |
| *b* | de citron et de limon: | | | |
| | 1. naturel . . . . . . . . . . | — | d. | |
| | 2. concentré . . . . . . . . . | — | d. | |
| *c* | de réglisse . . . . . . . . . . . | 100 kilog. | 10 — | |
| *d* | d'aloès et autres végétaux médicinaux non dénommés . . . . . . . . | d. | 10 — | |
| 69 | Espèces médicinales non dénommées (*b*) . | d. | 10 — | |
| 70 | Médicaments composés non dénommés (sans défalcation du poids des contenants immédiats) (*b*) (*c*). . . . . | d. | 120 — | |
| | Sont compris dans les médicaments composés les drogues médicinales mélangées entr'elles ou avec des pulpes, des sucs, des extraits, ou bien humectées ou dissoutes avec des sirops, des mucilages, des spiritueux, etc. Il en est de même des mélanges pareils en poudre ou en pâtes sèches ou à l'état humide. Sont également assimilés aux médicaments composés les baumes artificiels, et les citrates effervescents de magnésie et de léthine. | | | |

(*a*) Le tamarin contenant du saccharose ou du glucose paie comme les confitures et les conserves au sucre.

(*b*) Sur les articles médicinaux et sur les médicaments composés contenant de l'alcool ou dans la fabrication desquels il a été employé de l'alcool, outre le droit qui leur est propre, il est perçu la surtaxe sur la quantité d'alcool qui est introduite dans l'Etat avec ces articles, ou qui fut employée dans leur fabrication. La mesure de cette surtaxe est établie par le Ministre des Finances, ouï le collège des experts de douane.

(*c*) Sont considérés comme médicament composés, toutes les substances, qui, par leur enveloppe ou de toute autre manière sont reconnues avoir des propriétés médicinales.

| Numéros et lettres | DÉNOMINATION DES MARCHANDISES | UNITÉ | DROITS d'entrée | DROITS de sortie |
|---|---|---|---|---|
| | | | Lires Cent. | L. C. |
| 71 | Gommes, résines et gommes résines: | | | |
| a | colophane ou poix . . . . . . . . . | 100 kilog. | 2 — | |
| b | autres: | | | |
| | 1. indigènes brutes . . . . . . . | d. | 2 — | |
| | 2. non dénommées . . . . . . . . | d. | 9 — | |
| 72 | Savons: | | | |
| a | commun . . . . . . . . . . . . | d. | 8 — | |
| b | parfumés *(a)* . . . . . . . . . . | d. | 40 — | |
| c | de glycérine. . . . . . . . . . . | d. | 60 — | |
| 73 | Cire à cacheter . . . . . . . . . . | d. | 30 — | |
| 74 | Parfumeries (sans défalcation du poids des récipients immédiats): | | | |
| a | alcooliques *(b)* . . . . . . . . . . | d. | 100 — | |
| b | non alcooliques. . . . . . . . . . | d. | 100 — | |
| | CATÉGORIE IV | | | |
| | **Couleurs, teintures et tannins.** | | | |
| 75 | Bois, racines, écorces, feuilles, lichens, fleurs, herbes et fruits pour la teinture et le tannage: | | | |
| a | non moulus . . . . . . . . . . | 100 kilog. | exempts | 0 27 |
| b | moulus . . . . . . . . . . . . | d. | 2 — | 0 55 |
| c | gambier. . . . . . . . . . . . | — | exempts | |
| 76 | Indigos, cochenilles et kermès . . . . | — | d. | |
| 77 | Prussiate de potasse jaune et rouge . . | — | d. | |
| 78 | Couleurs dérivées du goudron et d'autres substances bitumineuses: | | | |
| a | à l'état sec . . . . . . . . . . . | — | d. | |
| b | en pâtes ou liquides . . . . . . . | — | d. | |
| 79 | Extraits colorants de bois de teinture et d'autres matières tinctoriales de toute sorte . . . . . . . . . . . . | 100 kilog. | 12 50 | |

*(a)* Le savon de toilette en boules, en boîtes et en vases est considéré comme parfumé.

*(b)* Sur les parfumeries alcooliques, outre le droit, il est perçu la surtaxe sur l'alcool, en raison de lires 144 pour chaque quintal sans défalcation du poids des récipients immédiats.

| Numéros et lettres | DÉNOMINATION DES MARCHANDISES | UNITÉ | DROITS d'entrée | DROITS de sortie |
|---|---|---|---|---|
| | | | Lires Cent. | L. C. |
| 80 | Couleurs en tablettes, en poudre et de toute autre sorte . . . . . . . | 100 kilog. | 12 50 | |
| 81 | Vernis : | | | |
| *a* | à l'alcool (*a*) . . . . . . . . . | d. | 30 — | |
| *b* | sans alcool: | | | |
| | 1. contenant des huiles minérales . | d. | 40 — | |
| | 2. autres . . . . . . . . . | d. | 30 — | |
| 82 | Crayons: | | | |
| *a* | sans gaine de pastels colorés ou avec gaine cirée ou vernie . . . . . | d. | 100 — | |
| *b* | autres. . . . . . . . . . . . | d. | 50 — | |
| 83 | Encres : | | | |
| *a* | d'imprimerie . . . . . . . . . | d. | 15 — | |
| *b* | de toute autre sorte . . . . . . | d. | 15 — | |
| 84 | Noirs: | | | |
| *a* | cirage: | | | |
| | 1. en boîtes . . . . . . . . | d. | 12 — | |
| | 2. autres . . . . . . . . . | d. | 8 — | |
| *b* | d'os et os calciné . . . . . . . . | d. | 0 50 | |
| *c* | de fumée. . . . . . . . . . . | d. | 5 — | |
| *d* | non dénommés . . . . . . . . . | d. | 5 — | |

## CATÉGORIE V

**Chanvre, lin, jute et autres végétaux filamenteux excepté le coton.**

| Numéros et lettres | DÉNOMINATION DES MARCHANDISES | UNITÉ | DROITS d'entrée | DROITS de sortie |
|---|---|---|---|---|
| 85 | Chanvre, lin, et autres végétaux filamenteux excepté le coton: | | | |
| *a* | bruts . . . . . . . . . . . . | — | exempts | |
| *b* | peignés . . . . . . . . . . . | — | d. | |
| 86 | Cordages, cordes ou ficelles même goudronnés : | | | |
| *a* | d'une grosseur supérieure à 2 millimètres | 100 kilog. | 11 50 | |
| *b* | d. de 2 millimètres ou moins | d. | 25 — | |

(*a*) Sur les vernis à alcool, outre le droit, il est perçu la surtaxe sur l'alcool, en raison de lires 120 pour chaque 100 kilogrammes de poids net légal.

| Numéros et lettres | DÉNOMINATION DES MARCHANDISES | UNITÉ | DROITS d'entrée | DROITS de sortie |
|---|---|---|---|---|
| | | | Lires Cent. | L. C. |
| 87 | Fils de lin simples: | | | |
| *a* | bruts mesurant par chaque kilogramme: | | | |
| | 1. jusqu'à 7000 métres . . . . | 100 kilog. | 14 — | |
| | 2. plus de 7,000 jusqu'à 15,000 mètres. . . . . . . . . . . | d. | 19 — | |
| | 3. plus de 15,000 jusqu'à 20,000 mètres. . . . . . . . . . . | d. | 28 — | |
| | 4. plus de 20,000 jusqu'à 37,000 mètres. . . . . . . . . . . | d. | 28 — | |
| | 5. plus de 37,000 mètres . . . . | d. | 28 — | |
| *b* | lessivés ou blanchis . . . . . . . .<br>Les fils légérement azurés ou ayant une teinte légère qui disparaît au lavage sont traités comme fils blanchis. | — | Augmentation de 25 0/0 sur le droit des bruts. | |
| *c* | teints. . . . . . . . . . . . . | — | Augmentation de lires 25 par cent kilog. sur le droit des bruts. | |
| 88 | Fils de chanvre simples . . . . . . . | — | Droit des fils de lin simples selon la qualité. | |
| 89 | Fils de lin et de chanvre retors . . . | — | Augmentation de lires 17 par cent kilogrammes sur le droit des simples. | |
| 90 | Fils de jute: | | | |
| *a* | simples: | | | |
| | 1. bruts . . . . . . . . . . | 100 kilog. | 10 — | |
| | 2. lessivés ou blanchis. . . . . | d. | 12 50 | |
| | 3. teints . . . . . . . . . | d. | 35 — | |
| *b* | retors. . . . . . . . . . . . . | — | Augmentation de lires 17 par 100 kilogr. sur le droit des simples. | |
| 91 | Fils de lin et de chanvre, à coudre, sur bobines, en pelottes ou autrement préparés pour la vente au détail, et fil de cordonnier . . . . . . . | 100 kilog. | 110 — | |
| 92 | Filets . . . . . . . . . . . . . | — | Augmentation de 10 pour cent sur le droit des fils dont ils sont composés. | |
| 93 | Tissus de jute: | | | |
| *a* | écrus unis. . . . . . . . . . . | 100 kilog. | 20 — | |
| *b* | veloutés . . . . . . . . . . . . | d. | 150 — | |

| Numéros et lettres | DÉNOMINATION DES MARCHANDISES | UNITÉ | DROITS d'entrée | DROITS de sortie |
|---|---|---|---|---|
| | | | Lires Cent. | L. C. |
| | Tissus de jute (suite) : | | | |
| c | autres de toute sorte. . . . . . . | — | Droit des tissus de lin selon la qualité. | |
| | Les tissus mélangés de la présente catégorie ainsi que ceux des 6e et 7e catégorie, sont passibles du droit de la matière dominant en poids sur chacune des autres, et du droit de la matière la plus imposée s'il y a parité de poids. | | | |
| 94 | Tissus de chanvre . . . . . . . . | — | d. | |
| 95 | Tissus de lin : | | | |
| a | bruts unis présentant en chaîne et en traine dans un carré de 5 millimètres de côté : | | | |
| | 1. 10 fils élémentaires ou moins . | 100 kilog. | 25 — | |
| | 2. plus de 10 jusqu'à 26 fils . . | d. | 75 — | |
| | 3. plus de 26 jusqu'à 40 fils . . | d. | 96 — | |
| | 4. plus de 40 jusqu'à 45 fils . . | d. | 122 — | |
| | 5. plus de 45 fils . . . . . . | d. | 122 — | |
| | Pour constater le nombre de fils dans un carré de 5 millimètres de côté on compte ensemble les fils de chaîne et de trame en négligeant les fils qui ne sont pas entièrement compris dans le carré. Quand on ne pourra pas compter les fils de chaîne et de trame on considère le tissu comme appartenant à la classe supérieure par nombre de fils. Cette note s'applique également à la catégorie VI. | | | |
| b | lessivés ou blanchis . . . . . . . | — | Augmentation de 30 0[0 sur le droit des bruts. | |
| c | colorés ou teints . . . . . . . . | — | Augmentation de 35 lires par cent kilog. sur le droit des bruts. | |
| | Les tissus tant écrus que blanchis à liteaux de couleur indiquant qu'ils sont destinés aux hôpitaux et aux autres établissements de charité, aux fournitures militaires ou à la fabrication des sacs et autres enveloppes, sont traités comme tissus de chanvre, de lin, de coton, etc., écrus ou blanchis selon leur qualité respective. | | | |
| d | imprimés. . . . . . . . . . . . | — | Augmentation de 80 lires par cent kilogrammes sur le droit des blanchis. | |
| e | ouvrés et damassés . . . . . . . | — | Augmentation de 20 lires par cent kilog. sur le droit des unis. | |
| f | brodés : | | | |
| | 1. à chaînette. . . . . . . . | 100 kilog. | 200 — outre le droit du tissu. | |
| | 2. au point passé . . . . . . | d. | 300 — outre le droit du tissu. | |

| Numéros et lettres | DÉNOMINATION DES MARCHANDISES | UNITÉ | DROITS d'entrée | DROITS de sortie |
|---|---|---|---|---|
| | | | Lires Cent | L. C. |
| 96 | Toiles de lin et de chanvre: | | | |
| *a* | goudronnées, huilées et toiles similaires. | 100 kilog. | 30 — | |
| *b* | cirées . . . . . . . . . . . . . | d. | 60 | |
| *c* | à l'émeri. . . . . . . . . . . . | — | Moitié du droit auquel est soumis le tissu sans émeri. | |
| 97 | Bonneterie: | | | |
| *a* | simple . . . . . . . . . . . . . | 100 kilog. | 130 — | |
| *b* | façonnée . . . . . . . . . . . . | — | Augmentation de 50 0[0 sur le droit des simples soit lires 195. | |
| 98 | Dentelles et tulles . . . . . . . . . | Kilog. | 7 — | |
| 99 | Galons et rubans . . . . . . . . | 100 kilog. | 130 — | |
| 100 | Passementeries . . . . . . . . . . | d. | 130 — | |
| 101 | Boutons . . . . . . . . . . . . . | d. | 130 — | |
| 102 | Tissus avec fils métalliques: | | | |
| *a* | d'or et d'argent fins ou dorés et argentés . . . . . . . . . . . . | Kilog. | 5 — en plus du droit sur le tissus selon l'espèce. | |
| *b* | de métaux communs . . . . . . . . | d. | 2 — en plus du droit du tissus selon l'espèce. | |
| 103 | Articles confectionnés : | | | |
| *a* | sacs, linge de lit et de table, essuie-mains et similaires. . . . . . . | — | Droit du tissus avec augmentation du 10 0[0. | |
| | Par linge de lit et de table on sous entend seulement les draps de lit, les enveloppes pour oreillers (fodere), les nappes, serviettes et mouchoirs. Les vêtements de dessous et autres sont exclus. Cette note s'applique également à la catégorie VI. | | | |
| *b* | cols, manchettes et chemises d'homme . | — | Deux fois le droit du tissus. | |
| *c* | autres. . . . . . . . . . . . . | — | Droit du tissus avec augmentation de 50 0[0. | |
| | Quand les articles confectionnés ne peuvent se classer en raison du nombre de fils au carré de 5 millimètres de côté, ils acquittent le droit le plus élevé de la classe à laquelle ils appartiennent. Les articles confectionnés ou fabriqués avec divers tissus sont passibles du droit afférent au tissu le plus imposé. — Cette disposition s'applique également aux catégories VI, VII et VIII. | | | |

| Numéros et lettres | DÉNOMINATION DES MARCHANDISES | UNITÉ | DROITS d'entrée | DROITS de sortie |
|---|---|---|---|---|
| | | | Lires Cent. | L. C. |
| | **CATÉGORIE VI** | | | |
| | **Coton.** | | | |
| 104 | Coton : | | | |
| *a* | en laine ou en masse . . . . . . | 100 kilog. | 3 — | |
| *b* | en ouate . . . . . . . . . . . . | d. | 9 — | |
| 105 | Fils simples : | | | |
| *a* | écrus mesurant au demi-kilogramme: | | | |
| | 1. pas plus de 10,000 mètres . . | d. | 18 — | |
| | 2. plus de 10,000 jusqu'à 20,000 mètres . . . . . . . . . . . | d. | 24 — | |
| | 3. plus de 20,000 jusqu'à 30,000 mètres . . . . . . . . . . . | d. | 30 — | |
| | 4. plus de 30,000 jusqu'à 40,000 mètres . . . . . . . . . . . | d. | 36 — | |
| | 5. plus de 40,000 jusqu'à 50,000 mètres . . . . . . . . . . . | d. | 45 — | |
| | 6. plus de 50,000 jusqu'à 60,000 mètres . . . . . . . . . . . | d. | 52 — | |
| | 7. plus de 60,000 mètres . . . . | d. | 60 — | |
| *b* | blanchis . . . . . . . . . . . . . Les fils légèrement azurés ou ayant une teinte légère qui disparait au lavage sont traités comme fils blanchis. | — | Augmentation de 20 0/0 sur le droit des bruts. | |
| *c* | teints . . . . . . . . . . . . . | — | Augmentation de lires 25 par 100 kilogrammes sur le droit des bruts. | |
| 106 | Fils retors . . . . . . . . . . Le classement des fils retors se fait en multipliant la longueur par le nombre de bouts. Cette note s'applique également aux catégories V et VII. | — | Augmentation de 17 lires par quintal sur le droit des simples | |
| 107 | Chaînes ourdies (Warps). . . . . . | — | Augmentation de 15 0/0 sur le droit des fils dont ils sont composés. | |
| 108 | Fils à coudre sur bobines, en pelottes ou autrement préparés pour la vente au détail . . . . . . . . . . . . | 100 kilog. | 110 — | |
| 109 | Fils de vigogne . . . . . . . . . | — | Droit des autres fils avec augmentation de 10 lires par cent kilogrammes. | |

| Numéros et lettres | DÉNOMINATION DES MARCHANDISES | UNITÉ | DROITS d'entrée | DROITS de sortie |
|---|---|---|---|---|
| | | | Lires Cent. | L. C. |
| 110 | Cordages de coton . . . . . . . . .<br>Les cordages de coton goudronnés ou graissés ne doivent pas être considérés comme fils teints. | — | Droit des fils dont ils sont composés. | |
| 111 | Filets de pêche en coton . . . . . . | — | Augmentation de 10 pour cent sur le droit des fils dont il sont composés. | |
| 112 | Tissus écrus unis: | | | |
| a | pesant 13 kilog. ou plus par 100 mètres carrés et présentant en chaîne et en trame dans le carré de 5 millimètres de côté: | | | |
| | 1. 27 fils élémentaires ou moins . | 100 kilog. | 62 — | |
| | 2. plus de 27 jusqu'à 38 fils élémentaires. . . . . . . . . . . | d. | 74 — | |
| | 3. plus de 38 fils . . . . . . | d. | 74 — | |
| b | pesant 7 kilog. ou plus, mais moins de 13 kilog. par 100 mètres carrés, présentant en chaîne et trame dans le carré de 5 millimètres de côté : | | | |
| | 1. 27 fils élémentaires ou moins . | d. | 84 — | |
| | 2. plus de 27 jusqu'à 38 fils élémentaires . . . . . . . . . . | d. | 100 — | |
| | 3. plus de 38 fils . . . . . . | d. | 100 — | |
| c | pesant 3 kilog. ou plus, mais moins de 7 par 100 mètres carrés et présentant en chaîne et trame dans le carré de 5 millimètres de côté: | | | |
| | 1. 27 fils élémentaires ou moins . | d. | 110 — | |
| | 2. plus de 27 jusqu'à 38 fils élémentaires . . . . . . . . . . | d. | 130 — | |
| | 3. plus de 38 fils . . . . . . | d. | 130 | |
| | Les tissus qui pèsent moins de 3 kilogrammes par cent mètres carrés se classent parmi les mousselines. | | | |
| 113 | Tissus blanchis . . . . . . . . .<br>On considère comme blanchis même les tissus écrus mélangés de blanc. | — | Augmentation de 20 0/0 sur le droit des bruts. | |
| 114 | Tissus colorés ou teints . . . . . . | — | Augmentation de 35 lires par 100 kilog. sur le droit des écrus. | |
| 115 | Tissus imprimés. . . . . . . . . | — | Augmentation de lires 80 par 100 kilog. sur le droit des blanchis. | |

| Numéros et lettres | DÉNOMINATION DES MARCHANDISES | Unité | Droits d'entrée | Droits de sortie |
|---|---|---|---|---|
| | | | Lires Cent. | L. C. |
| 116 | Tissus ouvrés et damassés . . . . . . | — | Augmentation de lires 20 par 100 kilog. sur le droit des unis. | |
| | Sont aussi considérés comme ouvrés les tissus imprimés à sec. | | | |
| 117 | Tissus brochés . . . . . . . . . . | 100 kilog. | 40 — en sus du droit du tissu. | |
| 118 | Tissus brodés: | | | |
| *a* | à chaînette . . . . . . . . . . . | d. | 200 — en sus du droit du tissu. | |
| *b* | à point passé . . . . . . . . . | d. | 300 — en sus du droit du tissu. | |
| 119 | Mousselines et tissus façon voile (*graticolati*): | | | |
| *a* | écrus . . . . . . . . . . . . . | d. | 200 — | |
| *b* | blanchis . . . . . . . . . . . . | — | Augmentation de 20 0/0 sur le droit des écrus. | |
| *c* | de couleurs ou teints . . . . . . . | — | Augmentation de lires 35 par 100 kilog. sur le droit des écrus. | |
| *d* | imprimés. . . . . . . . . . . . | — | Augmentation de lires 80 par 100 kilog. sur le droit des blanchis. | |
| *e* | ouvrés . . . . . . . . . . . . | — | Augmentation de lires 20 par 100 kilog. sur le droit des unis. | |
| *f* | brochés . . . . . . . . . . . . | 100 kilog. | 40 — outre le droit du tissu. | |
| *g* | brodés: | | | |
| | 1. à chaînette . . . . . . . | d. | 200 — outre le droit du tissu. | |
| | 2. à point passé . . . . . . . | d. | 300 — outre le droit du tissu. | |
| 120 | Tissus: | | | |
| *a* | goudronnés, huilés et similaires . . . | d. | 30 — | |
| *b* | cirés . . . . . . . . . . . . . | d. | 60 — | |
| *c* | enduits d'émeri . . . . . . . . . | — | Moitié du droit auquel est soumis le tissu sans émeri. | |
| 121 | Velours: | | | |
| *a* | communs et peluches: | | | |
| | 1. écrus . . . . . . . . . . | 100 kilog. | 120 — | |

| Numéros et lettres | DÉNOMINATION DES MARCHANDISES | UNITÉ | DROITS d'entrée | DROITS de sortie |
|---|---|---|---|---|
| | | | Lires Cent. | L. C. |
| 121 | Velours (suite): | | | |
| | 2. blanchis | 100 kilog. | 140 — | |
| | 3. teints | d. | 165 — | |
| | 4. imprimés | d. | 220 — | |
| *b* | fins (velvets): | | | |
| | 1. écrus | d. | 140 — | |
| | 2. blanchis | d. | 170 — | |
| | 3. teints | d. | 200 — | |
| | 4. imprimés | d. | 250 — | |
| 122 | Bonneterie: | | | |
| *a* | simple | d. | 150 — | |
| *b* | façonnée | — | Augmentation de 50 0/0 sur le droit des simples | |
| 123 | Dentelles | Kilog. | 7 — | |
| 124 | Tulles: | | | |
| *a* | écrus | 100 kilog. | 400 — | |
| *b* | blanchis ou teints | d. | 450 — | |
| 125 | Galons et rubans | d. | 120 — | |
| 126 | Passementeries | d. | 150 — | |
| | Les passementeries acquittent les droits comme si elles étaient entièrement composées de la matière apparente à l'extérieur. Cette disposition est également applicable aux catégories V, VII et VIII. | | | |
| 127 | Boutons | d. | 150 — | |
| 128 | Tissus mélangés: | | | |
| *a* | de soie au dessous de 12 0/0 | — | Droit du tissu selon l'espèce accru de lires 40 par 100 kg. | |
| *b* | de laine au dessous de 50 0/0 | — | Droit du tissu selon l'espèce accru de lires 20 par 100 kg. | |
| *c* | de fils métalliques: | | | |
| | 1. d'or ou d'argent fins ou dorés ou argentés | Kilog. | 5 — en plus du droit du tissu selon l'espèce. | |
| | 2. de métaux communs | d. | 2 — en plus du droit du tissu selon l'espèce. | |

| Numéros et lettres | DÉNOMINATION DES MARCHANDISES | UNITÉ | DROITS d'entrée | DROITS de sortie |
|---|---|---|---|---|
| | | | Lires Cent. | L. C. |
| 129 | Articles confectionnés: | | | |
| *a* | sacs, linge de lit et de table, essuie-mains et articles similaires . . . . | — | Droit du tissu augmenté de 10 pour cent. | |
| *b* | cols, manchettes et chemises d'homme . | — | Le double du droit du tissu. | |
| *c* | autres . . . . . . . . . . . . | — | Droit du tissu augmenté de 50 pour cent | |
| | Quand les articles confectionnés ne peuvent se classer en raison du nombre de fils au carré de 5 millimètre de côté, ils acquittent le droit le plus élevé de la classe à laquelle ils appartiennent. | | | |
| | CATÉGORIE VII | | | |
| | **Laine, crin et poil.** | | | |
| 130 | Laine: | | | |
| *a* | naturelle, en suint et laine lavée. . . | — | exempte | |
| *b* | teinte . . . . . . . . . . . . | 100 kilog. | 10 — | |
| *c* | cardée: | | | |
| | 1. non teinte . . . . . . . . . | d. | 10 — | |
| | 2. teinte . . . . . . . . . . | d. | 20 — | |
| *d* | peignée: | | | |
| | 1. non teinte . . . . . . . . . | d. | 15 — | |
| | 2. teinte . . . . . . . . . . | d. | 25 — | |
| *e* | au métier: | | | |
| | 1. non teinte . . . . . . . . . | d. | 10 — | |
| | 2. teinte . . . . . . . . . . | d. | 20 — | |
| 131 | Déchets et bourre de laine . . . . . | — | exempts | |
| 132 | Crin: | | | |
| *a* | brut . . . . . . . . . . . . | — | exempt | |
| *b* | teint . . . . . . . . . . . . | 100 kilog. | 10 — | |
| *c* | frisé . . . . . . . . . . . . | d. | 20 — | |
| 133 | Poil: | | | |
| *a* | brut . . . . . . . . . . . . | — | exempt | |
| *b* | teint . . . . . . . . . . . . | 100 kilog. | 10 — | |
| 134 | Fils de laine cardée, simples: | | | |
| *a* | bruts, qui mesurent au kg.: | | | |
| | 1. jusqu'à 10,000 mètres . . . . | 100 kilog. | 45 — | |
| | 2. plus de 10,000 mètres . . . . | d. | 55 — | |

| Numéros et lettres | DÉNOMINATION DES MARCHANDISES | UNITÉ | DROITS d'entrée | DROITS de sortie |
|---|---|---|---|---|
| | | | Lires Cent. | L. C. |
| 134 | Fils de laine cardée, simples (suite): | | | |
| *b* | blanchis . . . . . . . . . . . . . | — | Augmentation de 20 0[0 sur le droit des bruts. | |
| *c* | teints . . . . . . . . . . . . . | — | Augmentation de lires 25 par quintal sur le droit des bruts. | |
| 135 | Fils de laine cardée, retors . . . . . . | — | Augmentation de lires 17 par quintal sur le droit des simples. | |
| 136 | Fils de laine peignée, simples: | | | |
| *a* | écrus, mesurant pour chaque kilog.: | | | |
| | 1. jusqu'à 50,000 mètres . . . . | 100 kilog. | 60 — | |
| | 2. plus de 50,000 mètres . . . . | d. | 75 — | |
| *b* | blanchis . . . . . . . . . . . . | — | Augmentation de 20 0[0 sur le droit des écrus. | |
| *c* | teints. . . . . . . . . . . . . . | — | Augmentation de lires 25 par quintal sur le droit des écrus. | |
| 137 | Fils de laine peignée, retors. . . . . | — | Augmentation de lires 17 par quintal sur le droit des simples. | |
| 138 | Tissus de laine: | | | |
| *a* | Cardée pesant au mètre carré: | | | |
| | 1. 300 grammes et moins. . . . | 100 kilog. | 200 — | |
| | 2. plus de 300 jusqu'à 500 grammes | d. | 175 — | |
| | 3. plus de 500 grammes . . . . | d. | 150 — | |
| *b* | peignée, pesant au mètre carré: | | | |
| | 1. 200 grammes et moins . . . | d. | 250 — | |
| | 2. plus de 200 jusqu'à 500 grammes. | d. | 220 — | |
| | 3. plus de 500 grammes . . . . | d. | 190 — | |
| | Seront traités comme tissus de laine peignée les tissus dans lesquels la laine peignée entre même pour une part non prédominante, ainsi que les tissus contenant moins de 12 0[0 de soie. | | | |
| *c* | imprimés . . . . . . . . . . . . | — | Augmentation de lires 50 par quintal sur le droit des tissus respectifs. | |
| *d* | brochés . . . . . . . . . . . . . | 100 kilog. | 40 — outre le droit du tissu. | |
| *e* | brodés: | | | |
| | 1. à chainette . . . . . . . . | d. | 200 — outre le droit du tissu. | |
| | 2. à point passé. . . . . . . | d. | 300 — outre le droit du tissu. | |

| Numéros et lettres | DÉNOMINATION DES MARCHANDISES | UNITÉ | DROITS d'entrée | DROITS de sortie |
|---|---|---|---|---|
| | | | Lires Cent. | L. C. |
| 139 | Feutres : | | | |
| *a* | jusqu'à 3 millimètres d'épaisseur. . . | — | Droit du tissu e laine cardée. | |
| *b* | ayant plus de 3 millimètres d'épaisseur | 100 kilog. | 20 — | |
| 140 | Crin travaillé grossièrement (y compris la corde) . . . . . . . . . . | d. | 20 — | |
| 141 | Tissus de crin : | | | |
| *a* | pour tamis . . . . . . . . . . . | d. | 30 — | |
| *b* | de toute autre sorte . . . . . . . . | d. | 165 — | |
| 142 | Couvertures : | | | |
| *a* | en poil de bœuf, de chèvre, de mouton, non teints, avec chaîne de fil ou de coton . . . . . . . . . . . | d. | 60 — | |
| *b* | de laine ou de bourre de laine . . . | — | Droit du tissu selon l'espèce. | |
| | Les couvertures en pièce sont considérées comme couvertures séparées, si elles portent des rayures de couleur ou autres marques, indiquant la tête des couvertures ou l'endroit ou elles doivent être coupées. | | | |
| 143 | Tapis de laine et de bourre de laine, y compris ceux dans lesquels prédominent (comme poids) d'autres matières textiles autres que la soie . . . | 100 kilog. | 110 — | |
| 144 | Bonneterie : | | | |
| *a* | simple . . . . . . . . . . . . | d. | 220 — | |
| *b* | façonnée . . . . . . . . . . . | — | Augmentation de 50 0\|0 sur le droit des simples. | |
| 145 | Dentelles et tulles . . . . . . . . . | Kilog. | 7 — | |
| 146 | Galons et rubans . . . . . . . . . | 100 kilog. | 240 — | |
| 147 | Passementerie . . . . . . . . . . | d. | 220 — | |
| 148 | Boutons . . . . . . . . . . . . | d. | 240 — | |
| 149 | Tissus avec fils métalliques : | | | |
| *a* | d'or, d'argent fins ou dorés et argentés | Kilog. | 5 — plus le droit du tissu selon l'espèce. | |
| *b* | métaux communs . . . . . . . . . | d. | 2 — plus le droit du tissu selon l'espèce. | |
| 150 | Articles confectionnés . . . . . . . | — | Droit du tissu augmenté de 50 pour cent. | |

| Numéros et lettres | DÉNOMINATION DES MARCHANDISES | UNITÉ | DROITS d'entrée | DROITS de sortie |
|---|---|---|---|---|
| | | | Lires Cent | L. C. |
| | **CATÉGORIE VIII** | | | |
| | **Soie.** | | | |
| 151 | Semences de vers à soie . . . . . . . | — | exemptes | |
| 152 | Cocons (excepté les douppions) . . . . | — | exempts | |
| 153 | Soie simple, moulinée ou torse: | | | |
| *a* | grége . . . . . . . . . . . . . | — | exempte | |
| *b* | teinte . . . . . . . . . . . . . | Kilog. | 0 50 | |
| 154 | Déchets de soie: | | | |
| *a* | gréges: | | | |
| | 1. de cocons ou de douppions . . . | 100 kilog. | exempts | 14 — |
| | 2. autres . . . . . . . . . . | d. | exempts | 8 80 |
| *b* | peignés . . . . . . . . . . . . | d. | 10 — | 20 — |
| *c* | filès . . . . . . . . . . . . . | d. | 50 — | |
| 155 | Fil à coudre de soie ou de bourre de soie sur bobines, en pelottes ou autrement pour la vente au détail . . | Kilog. | 2 50 | |
| 156 | Tissus de soie ou de filoselle: | | | |
| *a* | noirs: | | | |
| | 1. unis . . . . . . . . . . . | d. | 7 — | |
| | 2. ouvrés . . . . . . . . . . | d. | 10 — | |
| *b* | de couleurs: | | | |
| | 1. unis . . . . . . . . . . . | d. | 8 — | |
| | 2. ouvrés . . . . . . . . . . | d. | 11 — | |
| *c* | façon voile ou à claire-voie (*graticolati*): | | | |
| | 1. unis . . . . . . . . . . . | d. | 10 — | |
| | 2. ouvrés . . . . . . . . . . | d. | 13 — | |
| 157 | Tissus mélangés dans lesquels la soie ou la filoselle entrent dans une proportion non inférieure à 12 0/0 et non supérieure à 50 0/0: | | | |
| *a* | noirs: | | | |
| | 1. unis . . . . . . . . . . . | d. | 4 — | |
| | 2. ouvrés . . . . . . . . . . | d. | 7 — | |
| *b* | de couleurs: | | | |
| | 1. unis . . . . . . . . . . . | d. | 5 — | |
| | 2. ouvrés . . . . . . . . . . | d. | 8 — | |

| Numéros et lettres | DÉNOMINATION DES MARCHANDISES | UNITÉ | DROITS d'entrée | DROITS de sortie |
|---|---|---|---|---|
| | | | Lires Cent. | L. C. |
| 158 | Tissus communs de bourre de soie dont le poids dépasse 200 grammes au mètre carré et dans lesquels la bourre de soie entre pour 12 0[0] au moins: | | | |
| a | unis . . . . . . . . . . . . . | Kilog. | 2 50 | |
| b | ouvrés . . . . . . . . . . . . | d. | 4 50 | |
| 159 | Tissus brodés: | | | |
| a | à chaînette . . . . . . . . . . . | d. | 2 — outre le droit du tissu. | |
| b | à point passé . . . . . . . . . . | d. | 3 — outre le droit du tissu. | |
| 160 | Velours et peluches, de soie ou de filoselle: | | | |
| a | unis . . . . . . . . . . . . | d. | 9 — | |
| b | ouvrés . . . . . . . . . . . . | d. | 12 — | |
| 161 | Velours mélangés dans lesquels la soie et la bourre de soie entrent dans une proportion non inférieure à 12 0[0] et non supérieure à 50 0[0]: | | | |
| a | unis . . . . . . . . . . . . . | d. | 7 — | |
| b | ouvrés . . . . . . . . . . . . | d. | 10 — | |
| 162 | Bonneterie: | | | |
| a | simple . . . . . . . . . . . . | — | Droit du tissu selon l'espèce. | |
| b | façonnée . . . . . . . . . . . | — | Droit de la bonneterie simple augmenté de 50 pour cent. | |
| 163 | Dentelles et tulles (y compris le crêpe et la blonde) de soie et ceux dans lesquels la soie entre pour 12 0[0] au moins: | | | |
| a | unis . . . . . . . . . . . . . | Kilog. | 15 — | |
| b | ouvrés . . . . . . . . . . . . | d. | 18 — | |
| c | avec perles (perline) sur plus d'un tiers de leur surface . . . . . . . . | d. | 8 — | |
| 164 | Galons et rubans . . . . . . . . | d. | 3 — par kilogramme outre le droit du tissu selon l'espèce. | |
| 165 | Passementerie . . . . . . . . . . | — | Droit des rubans. | |
| 166 | Boutons . . . . . . . . . . . . . Sont considérés comme tels les boutons dont la face est en soie; il n'est pas fait d'exception quand le coton, le bois ou toute autre matière sont apparents au revers. | Kilog. | 5 — | |

| Numéros et lettres | DÉNOMINATION DES MARCHANDISES | UNITÉ | DROITS d'entrée | DROITS de sortie |
|---|---|---|---|---|
| | | | Lires Cent. | L. C. |
| 167 | Tissus avec fils métalliques : | | | |
| *a* | d'or, d'argent fins ou dorés et argentés | Kilog. | 5 — outre le droit du tissu selon l'espèce. | |
| *b* | en métaux communs . . . . . . . . | d. | 2 — outre le droit du tissu selon l'espèce. | |
| 168 | Articles confectionnés . . . . . . . . | — | Droit du tissu avec augmentation de 50 0/0. | |
| | CATÉGORIE IX | | | |
| | **Bois et paille.** | | | |
| 169 | Charbon de bois. . . . . . . . . . . | — | exempt | |
| 170 | Bois à brûler . . . . . . . . . . | — | exempt | |
| 171 | Bois: | | | |
| *a* | commun: | | | |
| | 1. brut ou simplement dégrossi à la hache . . . . . . . . . . . | Tonne | 5 — | |
| | 2. équarri, scié en long . . . . | d. | 7 — | |
| | 3. en éclisses pour boîtes, tamis, cribles et articles similaires et cercles de toute longueur . . . . . | 100 kilog. | 2 — | |
| | 4. débité pour allumettes . . . . | — | exempt | |
| *b* | d'ébénisterie: | | | |
| | 1. non scié . . . . . . . . . | 100 kilog. | 2 — | |
| | 2. scié en long . . . . . . . . | d. | 4 — | |
| | 3. en planche ou carreaux marquetés pour parquets . . . . . . . | d. | 6 — | |
| 172 | Avirons, échalas et perches . . . . . | — | exempts | |
| 173 | Racines pour brosses . . . . . . . | — | exemptes | |
| 174 | Liège: | | | |
| *a* | brut . . . . . . . . . . . . . | — | exempt | |
| *b* | ouvré . . . . . . . . . . . . . | 100 kilog. | 15 — | |
| *c* | carreaux fabriqués avec les résidus du liège . . . . . . . . . . . | d. | 5 — | |

| Numéros et lettres | DÉNOMINATION DES MARCHANDISES | UNITÉ | DROITS d'entrée | DROITS de sortie |
|---|---|---|---|---|
| | | | Lires Cent. | L. C. |
| 175 | Futailles neuves et vieilles: | | | |
| *a* | cerclées de bois . . . . . . . . . . | Hectolitre (capacité) | 0 20 | |
| *b* | cerclées de fer . . . . . . . . . . | d. | 0 30 | |
| 176 | Meubles ou parties de meubles brutes ou finies: | | | |
| *a* | non rembourrés: | | | |
| | 1. en bois commun courbe . . . | 100 kilog. | 30 — | |
| | 2. autres en bois commun . . . | d. | 20 — | |
| | 3. en bois d'ébénisterie . . . . | d. | 60 — | |
| | 4. plaqués, incrustés et marquetés . | d. | 60 — | |
| *b* | rembourrés: | | | |
| | 1. en bois commun . . . . . . | d. | 40 — | |
| | 2. en bois d'ébénisterie . . . . | d. | 60 — | |
| | 3. plaqués, incrustés et marquetés. | d. | 60 — | |
| 177 | Cadres et baguettes pour cadres: | | | |
| *a* | simples et ouvrés, ni vernis, ni dorés, ni argentés . . . . . . . . . | d. | 35 — | |
| *b* | autres. . . . . . . . . . . . . | d. | 70 — | |
| 178 | Ustensiles et ouvrages divers en bois commun: | | | |
| *a* | bruts . . . . . . . . . . . . . | d. | 12 — | |
| *b* | polis ou peints . . . . . . . . . | d. | 18 — | |
| 179 | Mercerie en bois . . . . . . . . . | d. | 60 — | |
| 180 | Jouets en bois . . . . . . . . . . | d. | 75 — | |
| 181 | Chariots pour routes, ordinaires . . . | chacun | 22 — | |
| 182 | Voitures pour routes, ordinaires: | | | |
| *a* | à deux roues . . . . . . . . . . | d. | 42 — | |
| *b* | à plus deux roues et pas plus de cinq ressorts . . . . . . . . . . . | d. | 110 — | |
| *c* | à plus de deux roues et plus de cinq ressorts . . . . . . . . . . . | d. | 330 — | |
| 183 | Bâtiments, barques et bateaux . . . . | — | exempts | |
| 184 | Roseaux, joncs et osiers: | | | |
| *a* | bruts . . . . . . . . . . . . . | — | d. | |
| *b* | refendus . . . . . . . . . . . . | 100 kilog. | 8 — | |
| *c* | passés à la filière (trafilati) ou teints . | d. | 16 — | |

| Numéros et lettres | DÉNOMINATION DES MARCHANDISES | UNITÉ | DROITS d'entrée | DROITS de sortie |
|---|---|---|---|---|
| | | | Lires Cent. | L. C. |
| 185 | Vannerie et nattes: | | | |
| *a* | grossières . . . . . . . . . . . . | 100 kilog. | 8 — | |
| | Cette classe comprend les cabas, corbeilles, paniers et articles similaires fabriqués avec des lamelles de bois, de l'osier ou du jonc grossièrement ouvrés et qui servent au transport des matériaux ou des marchandises ou qui font partie de l'outillage agricole. Elle s'applique aussi aux nattes et paillassons, en roseaux des marais (*scirpe* de lacs ou *biodolo)* qu'on met sur le carrelage, aux travaux en gros osiers, non dépouillés de leur écorce et qui servent à l'emballage des marchandises, ainsi qu'aux nattes de roseau qui s'emploient généralement dans la construction des plafonds. | | | |
| *b* | fines . . . . . . . . . . . . . | d. | 30 — | |
| | Cette classe comprend les paniers à ouvrages grands et petits pour femmes, les tapis de pied, nattes et articles similaires servant à des usages domestiques et fabriqués avec les tiges, racines et osiers fins et souples qu'ils soient entiers ou fendus, teints ou naturels. Elle comprend aussi les nattes qu'on étend sur les parquets, excepté toutefois celles qui sont en jonc des marais (biodolo) ou qui sont fabriquées avec des fils de coco, de manille, de sparte et autres végétaux filamenteux. | | | |
| 186 | Tresses: | | | |
| *a* | de paille, d'écorce, de sparte, etc., pour chapeaux . . . . . . . . . . | d. | 40 - | |
| *b* | d'écorce, de sparte, etc., pour cordages et autres ouvrages. . . . . . . | — | exemptes | |
| 187 | Cordages de sparte, tilleuls et similaires. | 100 kilog. | 1 50 | |
| 188 | Chapeaux de paille, excepté ceux garnis pour dame . . . . . . . . . | le cent | 100 — | |

## CATÉGORIE X

### Papiers et livres.

| Numéros et lettres | DÉNOMINATION DES MARCHANDISES | UNITÉ | DROITS d'entrée | DROITS de sortie |
|---|---|---|---|---|
| 189 | Drilles et chiffons de toute sorte . . . | 100 kilog. | exempts | 8 80 |
| | Les papiers destinés à être réduits en pâte sont admis en franchise quand ils sont rendus inservables à tout autre usage. | | | |
| 190 | Pâte de bois: | | | |
| | On classe sous cette dénomination les pâtes brisées ou détériorées de manière à ne pouvoir être utilisées comme carton. | | | |
| *a* | cellulose . . . . . . . . . . . . | d. | 2 — | |

| Numéros et lettres | DÉNOMINATION DES MARCHANDISES | UNITÉ | DROITS d'entrée | DROITS de sortie |
|---|---|---|---|---|
| | | | Lires Cent. | L. C. |
| 190 | Pâte de bois (suite): | | | |
| *b* | autres, y comprises la pâte de paille ou autres similaires: | | | |
| | 1. humide, c'est-à-dire contenant au moins 50 0/0 d'eau . . . . . | 100 kilog. | 2 — | |
| | 2. à l'etat sec . . . . . . . . | d. | 2 — | |
| 191 | Papier: | | | |
| *a* | blanc ou teint en pâte: | | | |
| | 1. non réglé, de toute sorte . . . | d. | 15 — | |
| | 2. réglé . . . . . . . . . . | d. | 20 — | |
| | 3. sous forme d'enveloppes . . . | d. | 25 — | |
| *b* | de couleur, doré ou peint et de tenture (y compris le papier blanc pour la lithographie et la photographie) . . | d. | 45 — | |
| *c* | buvard . . . . . . . . . . . . | d. | 15 — | |
| | On entend par papier buvard le papier connu dans le commerce sous ce nom, et non toute espèce de papier non collé. | | | |
| *d* | d'emballage, gros non lissé et papier de paille non teint ni cylindré . . . | d. | 8 — | |
| 192 | Cartes à jouer et tarots . . . . . . | 100 jeux | 40 — | |
| 193 | Estampes, lithographies, étiquettes . . | 100 kilog. | 100 — | |
| 194 | Cartons: | | | |
| *a* | ordinaires . . . . . . . . . . . . | 100 kilog. | 8 — | |
| | On entend pour carton commun le carton en masse en forme de couches réunies par la pression et non collé. | | | |
| *b* | fins . . . . . . . . . . . . . | — | Régime du papier selon l'espèce. | |
| 195 | Articles et ouvrages en papier et en carton . . . . . . . . . . . . . | 100 kilog. | 80 — | |
| 196 | Livres: | | | |
| *a* | imprimés: | | | |
| | 1. en langue italienne, en feuilles ou simplement brochés . . . . . | — | Droit du papier duquel ils sont composés. | |
| | 2. en d'autres langues, en feuilles ou simplement brochés. . . . . . | — | exempts | |
| | Sont classés parmi les livres imprimés les journaux de date très récente. Les journaux de date non très récente sont classés comme papier d'emballage. | | | |

| Numéros et lettres | DÉNOMINATION DES MARCHANDISES | UNITÉ | DROITS d'entrée | DROITS de sortie |
|---|---|---|---|---|
| | | | Lires Cent. | L. C. |
| 196 | Livres (suite): | | | |
| | 3. reliés de tout genre. . . . . | 100 kilog. | 20 — | |
| *b* | non imprimés (registres): | | | |
| | 1. en feuilles ou cartonnés . . . | d. | 25 — | |
| | 2. autres . . . . . . . . . . | d. | 40 — | |
| 197 | Livres de musique imprimés: | | | |
| *a* | en feuilles ou simplement brochés . . | — | exempts | |
| *b* | reliés de tout genre . . . . . . . | 100 kilog. | 20 — | |
| 198 | Manuscrits . . . . . . . . . . . | — | exempts | |
| | **CATÉGORIE XI** | | | |
| | **Peaux.** | | | |
| 199 | Peaux: | | | |
| *a* | brutes, vertes ou sèches: | | | |
| | Il s'agit ici des peaux n'ayant subi aucune opération de tannage, mais qui sont seulement séchées, ou tout au plus passées à la cendre ou salées pour empêcher leur détérioration. | | | |
| | 1. autres que de pelleterie . . . . | — | exemptes | |
| | 2. de pelleterie . . . . . . . . . | — | d. | |
| *b* | tannées avec poil . . . . . . . . . | 100 kilog. | 60 — | |
| *c* | tannées sans poil et non finies: | | | |
| | 1. de moutons, de chevreaux et d'agneaux. . . . . . . . . . | d. | 25 — | |
| | 2. autres . . . . . . . . . . | d. | 25 — | |
| *d* | tannées sans poil et finies: | | | |
| | 1. de chevreaux et d'agneaux pour gants . . . . . . . . . . . . | d. | 20 — | |
| | 2. pour semelles. . . . . . . . | d. | 45 — | |
| | 3. autres . . . . . . . . . . | d. | 70 — | |
| *e* | vernies . . . . . . . . . . . . | d. | 90 — | |
| *f* | taillées: | | | |
| | 1. en tiges empeignes etc. . . . | — | Régime de la peau selon l'espèce accru de 20 0/0. | |
| | 2. bandes pour chapeaux . . . . | — | Régime de la peau selon l'espèce accru de 50 0/0. | |
| 200 | Rognures et débris de peaux . . . . | — | exempts | |
| 201 | Ouvrages de pelleterie de tout genre . . | 100 kilog. | 600 — | |

| Numéros et lettres | DÉNOMINATION DES MARCHANDISES | UNITÉ | DROITS d'entrée | DROITS de sortie |
|---|---|---|---|---|
| | | | Lires Cent. | L. C. |
| 202 | Harnais . . . . . . . . . . . . | 100 kilog. | 90 — | |
| 203 | Selles . . . . . . . . . . . . . | le cent | 1500 — | |
| 204 | Gants de peaux de tout espèce, même simplement taillés . . . . . . . | 100 paires | 20 — | |
| 205 | Chaussures de tout genre . . . . . . | d. | 200 — | |
| 206 | Courroies de peau finies pour transmissions . . . . . . . . . . . | 100 kilog. | 100 — | |
| 207 | Ouvrages de peau tannée sans poil non dénommés. . . . . . . . . . | d. | 120 — | |
| | **CATÉGORIE XII** | | | |
| | **Minerais, métaux bruts et ouvrés.** | | | |
| 208 | Minerais métalliques: | | | |
| *a* | de fer. . . . . . . . . . . . . | Tonne | exempts | 0 22 |
| *b* | de plomb même argentifére . . . . | d. | d. | 2 20 |
| *c* | de cuivre . . . . . . . . . . | d. | d. | 5 50 |
| *d* | de zinc . . . . . . . . . . . | — | d. | |
| *e* | autres. . . . . . . . . . . . . | — | d. | |
| 209 | Scories provenant de la fusion des minerais et de l'affinage des métaux et produits métalliques . . . . . | — | d. | |
| 210 | Débris, pailles et limailles de fer, de fonte et d'acier . . . . . . . . | 100 kilog. | 1 — | |

Sont admis comme débris:

1. Les déchets de la production des objets de seconde fabrication (rognures, fragments, pièces réformées ou de rebut), le fer vieux menu dit de coulée ou de paquet; les projectiles d'artillerie et les canons rouillés et hors de service.

2. Les débris ou fragments, recoupes, bavures, cassures, coupures, brisures de rails, barres ou verges et les morceaux de barres ou verges neuves mais de rebut, c'est-à-dire ayant de profonds défauts de structure ou de soudure, écailles ou fissures, pourvu que les uns et les autres soient présentés en morceaux d'une dimension ne dépassant pas 50 centimètres.

3. Le vieux fer en barres ou verges dit de paquet, les cercles de vieux fer provenant de récipients ou d'emballages, les objets, les tôles et les tuyaux de fer ou d'acier, vieux et hors de service, pourvu que ces différents articles soient présentés en morceaux d'une dimension ne dépassant pas 50 centimètres ou qu'ils soient réduits, aux frais des importateurs et sous la surveillance de l'Administration, en morceaux d'une dimension ne dépassant pas 50 centimètres.

| Numéros et lettres | DÉNOMINATION DES MARCHANDISES | UNITÉ | DROITS d'entrée | DROITS de sortie |
|---|---|---|---|---|
| | | | Lires Cent | L. C. |
| | 4. Les rails hors de service et les morceaux de rails neufs, s'ils sont de rebut, c'est-à-dire s'ils ont de profonds défauts de structure ou de soudure, des écailles ou fentes, pourvu que les uns et les autres soient présentés en morceaux d'une longueur ne dépassant pas un mètre ou qu'ils soient réduits, aux frais de l'importateur et sous la surveillance de l'Administration, en morceaux d'une longueur ne dépassant pas un mètre. Pour les rails de fer hors de service, il pourra être accordé que le brisement s'opère sous la surveillance de l'Administration, même en morceaux pouvant mesurer jusqu'à 1 m. 60 de longueur. | | | |
| | 5. Les objets en fonte vieux ou hors de service, pourvu qu'ils soient présentés ou réduits, aux frais de l'importateur et sous la surveillance de l'Administration, en morceaux rendant leur usage impossible autrement que pour la fusion. | | | |
| 211 | Fonte: | | | |
| *a* | purifiée et de fusion en gueuses . . . | 100 kilog. | 1 — | |
| *b* | ouvrée en moulages bruts: | | | |
| | 1. articles pour meubles, pour ornements et usages domestiques . . . | d. | 8 — | |
| | 2. en autres articles . . . . . | d. | 5 — | |
| *c* | ouvrée en ouvrages rabotés, tournés ou autrements ouvrés: | | | |
| | 1. en articles pour meubles, pour ornements ou pour usages domestiques . . . . . . . . . . . . | d. | 10 — | |
| | 2. en autres articles . . . . . | d. | 7 — | |
| *d* | ouvrée en moulages garnis d'autres métaux, étamés, emaillés, vernis, oxydés, laqués et nikelés, etc: | | | |
| | 1. en objets pour meubles, ornements et usages domestiques . . . | d. | 18 — | |
| | 2. en autres articles . . . . . | d. | 12 — | |
| 212 | Fer brut en massiaux et acier en pains . | d. | 2 75 | |
| 213 | Fer et acier: | | | |
| | Sont compris sous la dénomination n. 213 le fer et l'acier simplement laminés ou en fils simplement étirés. Tous travaux en dehors du laminage ou étirage font passer le fer et l'acier à l'état dit de seconde fabrication. Les tôles recuites sont considérées comme fer de première fabrication. | | | |
| *a* | laminés ou battus en verges, tringles ou barres calibrées de toutes sections: | | | |
| | 1. n'ayant en section aucun diamètre ni côté de 7 millimètres ou moins . . . . . . . . . . . | d. | 6 50 | |

| Numéros et lettres | DÉNOMINATION DES MARCHANDISES | UNITÉ | DROITS d'entrée | DROITS de sortie |
|---|---|---|---|---|
| | | | Lires Cent. | L. C. |
| 213 | Fer et acier (suite): | | | |
| a | 2. ayant en section un ou plusieurs côtés ou diamètres de 7 millimètres ou moins, mais supérieurs à 5 millimètres . . . . . . . . . . . | 100 kil. g. | 7 50 | |
| | 3. ayant en section un ou plusieurs côtés ou diamètres de 5 millimètres ou moins . . . . . . . . . . . | d. | 9 — | |
| b | étiré en fils: | | | |
| | 1. ayant un diamètre de 5 millimètres ou moins, mais plus de 1 1[2 millimètres . . . . . . . . . . | d. | 12 — | |
| | 2. ayant un diamètre de 1 1[2 millimètres ou moins . . . . . . . . | d. | 15 — | |
| c | en tôles de l'épaisseur: | | | |
| | 1. de 4 millimètres et plus . . . | d. | 7 — | |
| | 2. de moins de 4 millimètres et plus de 1 1[2 millimètres . . . . | d. | 10 — | |
| | 3. de 1 1[2 millimètres ou moins . | d. | 12 — | |
| | Les tôles découpées (non simplement ébarbées), pour servir à un usage déterminé, acquittent un franc de droit de plus que celles non découpées. | | | |
| 214 | Acier trempé: | | | |
| a | en barres et en verges . . . . . . | d. | 12 — | |
| b | en fils . . . . . . . . . . . . . | d. | 15 — | |
| 215 | Fer et acier en rails pour chemins de fer . . . . . . . . . . . . . | d. | 6 — | |
| | Ne sont admis comme rails que les fers ayant la section adoptée pour les voies ferrées et qui sont simplement laminés et percés; le profil de la section doit être identique sur toute la longueur de la barre. | | | |
| 216 | Fer et acier en tuyaux, de tôle de l'épaisseur: | | | |
| a | de 4 millimètres et plus . . . . . | d. | 12 — | |
| b | de moins de 4 millimètres et plus de 1 1[2 millimètres . . . . . . . . | d. | 15 — | |
| c | de 1 1[2 millimètres ou moins. . . . | d. | 17 — | |
| 217 | Fer et acier forgés ou moulés en travaux bruts: | | | |
| a | du poids de 50 kilogrammes ou plus . | d. | 10 — | |
| b | du poids inférieur à 50 kilogrammes . | d. | 12 — | |
| | Sont compris sous le n. 217 le fer et l'acier simplement forgés et moulés. Tout autre travail après le forgeage ou le moulage font passer le fer et l'acier à l'état de seconde fabrication. | | | |

| Numéros et lettres | DÉNOMINATION DES MARCHANDISES | UNITÉ | DROITS d'entrée | DROITS de sortie |
|---|---|---|---|---|
| | | | Lires Cent. | L. C. |
| 218 | Fer et acier de seconde fabrication : | | | |
| *a* | faits principalement avec des fers ou aciers dits gros (grossi) : | | | |
| | 1. rabotés, limés, tournés, perforés etc seulement en partie minime, c'est-à-dire n'ayant qu'un simple trou ou un coup de lime ou de marteau . | 100 kilog. | 10 50 | |
| | 2. rabotés, limés, tournés, perforés; etc. sur toute ou grande partie de leur superficie . . . . . . . | d. | 13 50 | |
| | 3. étamés, plombés, zingués, vernis. | d. | 15 50 | |
| | 4. oxydés, émaillés, nikelés, laqués ou garnis d'autres métaux de verre ou de produits céramiques . . . . | d. | 20 — | |
| *b* | en travaux faits principalement avec des fers ou aciers minus (piccoli) : | | | |
| | 1. rabotés, limés, tournés, perforés etc. en partie minime seulement de leur superficie . . . . . . . . | d. | 15 50 | |
| | 2. rabotés, limés, tournés, perforés etc. sur toute ou grande partie de leur superficie . . . . . . . | d. | 17 50 | |
| | 3. étamés, plombés, zingués et vernis . . . . . . . . . . . . . . | d. | 17 50 | |
| | 4. oxydés, émaillés, nikelés, laqués, garnis d'autres métaux, de verre ou de produits céramiques . . . . | d. | 30 — | |
| 219 | Acier en ressorts de toute sorte . . . | d. | 18 — | |
| 220 | Tôles de fer doublées de zinc, de plomb ou galvanisées : | | | |
| *a* | d'épaisseur supérieure à 1 1\|2 millimètres : | | | |
| | 1. simples . . . . . . . . . | d. | 13 — | |
| | 2. en travaux divers simples. . . | d. | 19 — | |
| | 3. en travaux mélangés d'autres matières . . . . . . . . . . . | d. | 23 — | |
| *b* | de l'épaisseur de 1 1\|2 millimètres et moins : | | | |
| | 1. simples . . . . . . . . . | d. | 15 — | |
| | 2. en travaux divers simples. . . | d. | 21 — | |
| | 3. en travaux mélangés d'autres matières . . . . . . . . . . . | d. | 25 — | |
| | Les tôles ondulées sont comprises dans les travaux divers simples. | | | |

| Numéros et lettres | DÉNOMINATION DES MARCHANDISES | UNITÉ | DROITS d'entrée | DROITS de sortie |
|---|---|---|---|---|
| | | | Lires Cent. | L. C. |
| 221 | Tôles de fer doublées d'étain, de cuivre ou même oxydées: | | | |
| *a* | d'une épaisseur supérieure à 1 1\|2 millimétres : | | | |
| | 1. simples . . . . . . . . . . | 100 kilog. | 14 — | |
| | 2. en travaux divers simples . . | d. | 20 — | |
| | 3. en travaux mélangés d'autres matières. . . . . . . . . | d. | 24 — | |
| *b* | d'une épaisseur de 1 1\|2 millimètres et moins: | | | |
| | 1. simples . . . . . . . . . . | d. | 18 — | |
| | 2. en travaux divers simples . . | d. | 22 — | |
| | 3. en travaux mélangés d'autres matières . . . . . . . . . . . | d. | 26 — | |
| | Les tôles ondulées sont comprises dans les travaux divers simples. | | | |
| 222 | Ustensiles (outils) et instruments usuels pour les arts et métiers en fonte, fer ou acier: | | | |
| *a* | communs: | | | |
| | Sont classés comme ustensiles usuels pour arts et métiers communs: Haches, hachettes, charrues, outils ordinaires pour l'agriculture en général, hoyaux, bigornes, coins, varlets, truelles, pièces d'acier à aiguiser (coti), coutres, herses, filières, fourches, troussequins, rouannettes, leviers, tranchoirs, marteaux, étaux de forgerons, couperets, pelles, pics, pioches, cognées, rateaux, sarcloirs, tenailles, socs, crocs, etc. | | | |
| | 1. émaillés, laqués ou oxydés . . | d. | 20 — | |
| | 2. polis, vernis, zingués, plombés, galvanisés, doublés de cuivre, étamés d'autres métaux. . . . . . . . | d. | 15 50 | |
| | 3. autres (exclus les ouvrages brunis). . . . . . . . . . . . | d. | 13 50 | |
| | fins: | | | |
| | Sont classés comme ustensiles et instruments usuels pour arts et métiers, fins, les articles suivants: crics (binde), balances à bascule, brunissoirs, burins, tourne-vis, composteurs, presses à copier, cisailles, faux, faucilles, sécateurs, forges portatives, étampes ou poinçons; outils non dénommés pour cordonniers, doreurs, menuisiers, serruriers, forgerons, maréchaux-ferrants, coiffeurs, imprimeurs et autres artisans, fers à repasser et à plisser, rogne-pieds, rubans de scies, alcines, tourne-à-gauche, languettes ou fers à rabots, polissoirs, peignes, rabots, pinces, poinçons, serpes, racloirs, pointes pour forêts et trépans, scalpels, scies, gouges, spatules emporte-pièces, forêts, vrilles, tarrières, timbres, tampons pour timbres et poinçons, tours d'horlogers, trépans à main, laurets, etc. | | | |

| Numéros et lettres | DÉNOMINATION DES MARCHANDISES | UNITÉ | DROITS d'entrée | DROITS de sortie |
|---|---|---|---|---|
| | | | Lires Cent. | L. C. |
| 222 | Ustensiles (outils) et instruments usuels pour les arts et métiers en fonte, fer ou acier (suite): | | | |
| *b* | fins: | | | |
| | 1. émaillés, laqués ou oxydés . . | 100 kilog. | 22 – | |
| | 2. autres, même polis, vernis, zingués, plombés, galvanisés, garnis de cuivre, étamés, ou garnis d'autres métaux, mais non brunis. . . . . | d. | 17 50 | |
| *c* | limes et râpes, ayant, non compris la queue une longueur: | | | |
| | 1. de plus de 30 centimètres . . | d. | 14 — | |
| | 2. de 15 jusqu'à 30 centimètres . | d. | 16 — | |
| | 3. inférieure à 15 centimètres . . | d. | 20 — | |
| 223 | Articles de fer et d'acier brunis . . . | d. | 80 — | |
| 224 | Aiguilles et épingles . . . . . . . . | d. | 100 — | |
| 225 | Cuivre, laiton et bronze: | | | |
| *a* | en pains, rosettes, limailles et débris . | d. | 4 — | |
| *b* | en barres, feuilles et plaques . . . . | d. | 14 — | |
| *c* | en tubes de tout diamètre . . . . . | d. | 20 — | |
| *d* | en fils de tout diamètre . . . . . | d. | 20 — | |
| *e* | étirés au marteau en articles communs . | d. | 18 — | |
| *f* | en cylindres et étampes incisés pour l'impression . . . . . . . . . | — | exempts | |
| *g* | en monnaies: | | | |
| | 1. ayant cours légal dans le royaume . . . . . . . . . . . . . | — | exempts | |
| | 2. autres . . . . . . . . . | Kilog. | 10 — | |
| *h* | en travaux ornementaux non dorés ni argentés . . . . . . . . . . | 100 kilog. | 75 — | |
| *i* | dorés ou argentés: | | | |
| | 1. en tringles, en feuilles et en fils. | d. | 100 — | |
| | 2. enroulés sur des fils de matières textiles. . . . . . . . . . . | d. | 100 — | |
| | 3. en autres travaux . . . . . | d. | 120 — | |
| *l* | en travaux non dénommés . . . . . | d. | 30 — | |
| 226 | Toiles métalliques: | | | |
| *a* | de fer ou d'acier . . . . . . . . | — | Régime du fil selon l'espèce, accru de lires 15 par cent kilog. | |
| *b* | de cuivre ou de laiton . . . . . . | d. | d. | |

| Numéros et lettres | DÉNOMINATION DES MARCHANDISES | UNITÉ | DROITS d'entrée | DROITS de sortie |
|---|---|---|---|---|
| | | | Lires Cent. | L. C. |
| 227 | Nickel et ses alliages avec le cuivre et le zinc (packfong ou argentan): | | | |
| a | en dés, pains ou débris . . . . . . | — | exempts | |
| b | en feuilles, verges et fils . . . . . | 100 kilog. | 10 — | |
| c | en travaux: | | | |
| | 1. dorés ou argentés . . . . . | d. | 120 — | |
| | 2. non dénommés . . . . . . | d. | 100 — | |
| 228 | Plomb et ses alliages avec l'antimoine: | | | |
| a | en pains et en morceaux . . . . . | d. | 0 50 | |
| b | battus en feuilles . . . . . . . . | d. | 3 — | |
| c | en tuyaux . . . . . . . . . . | d. | 3 — | |
| d | en caractères d'imprimerie. . . . . | d. | 20 — | |
| e | en autres travaux (compris les balles et les plombs de chasse) . . . . . | d. | 5 — | |
| 229 | Etain et ses alliages avec le plomb et l'antimoine: | | | |
| a | en pains, en verges ou débris. . . . | — | exempts | |
| b | battus en feuilles de toute sorte . . . | 100 kilog. | 15 — | |
| c | en autres articles: | | | |
| | 1. vernis . . . . . . . . . . | d. | 40 | |
| | 2. non dénommés . . . . . . . | d. | 20 — | |
| 230 | Zinc: | | | |
| a | en pains et en débris . . . . . . | — | exempt | |
| b | en tôles et feuilles . . . . . . . | 100 kilog. | 4 — | |
| c | en travaux: | | | |
| | 1. dorés ou argentés . . . . . | d. | 100 — | |
| | 2. ni dorés ni argentés avec ornements ou vernis de toute sorte. . . | d. | 50 — | |
| | 3. non dénommés . . . . . . | d. | 15 — | |
| 231 | Arsenic à l'état métallique . . . . . | d. | 1 — | |
| 232 | Antimoine à l'état métallique . . . . | d. | 8 — | |
| 233 | Mercure . . . . . . . . . . . | d. | 10 — | |
| 234 | Travaux en bronze d'aluminium . . . | d. | 120 — | |
| 235 | Métaux et alliages métalliques non dénommés: | | | |
| a | à l'état brut . . . . . . . . . . | d. | 5 — | |
| b | en travaux de toute sorte . . . . . | d. | 100 — | |

| Numéros et lettres | DÉNOMINATION DES MARCHANDISES | Unité | Droits d'entrée | Droits de sortie |
|---|---|---|---|---|
| | | | Lires Cent. | L. C. |
| 236 | Fusils: | | | |
| *a* | complets . . . . . . . . . . . | le cent | 800 — | |
| *b* | pièces détachées . . . . . . . . | 100 kilog. | 300 — | |
| 237 | Pistolets et révolvers: | | | |
| *a* | complets . . . . . . . . . . . | le cent | 350 — | |
| *b* | pièces détachées . . . . . . . . | 100 kilog. | 700 — | |
| 238 | Chaudières pour machines: | | | |
| *a* | multitubulaires. . . . . . . . . . | d. | 14 — | |
| *b* | autres. . . . . . . . . . . . . | d. | 12 — | |
| 239 | Machines-outils pour travailler le bois et les métaux (scies, rabots, tours, trépans, machines à fileter etc. . . | d. | 9 — | |
| 240 | Machines: | | | |
| *a* | à vapeur: | | | |
| | 1. fixes sans chaudière. . . . . | d. | 12 — | |
| | 2. demi fixes (y compris la chaudière), moteurs à air chaud, à air comprimé, à gaz, à pétrole, moteurs rotatifs . . . . . . . . . . . | d. | 12 — | |
| *b* | hydrauliques et moteurs à eau ou à vent . . . . . . . . . . . . | d. | 10 — | |
| | On classe parmi les machines hydrauliques les turbines, les roues hydrauliques, les pulsomètres, les pompes et machines élévatoires, presses, accumulateurs, ascenseurs, monte-charges hydrauliques, etc. | | | |
| *c* | locomotives (le tender exclu) . . . . | d. | 14 — | |
| *d* | locomobiles . . . . . . . . . . . | d. | 12 — | |
| *e* | marines . . . . . . . . . . . . | d. | 12 — | |
| *f* | agricoles de toute sorte . . . . . . | d. | 9 — | |
| *g* | pour la filature . . . . . . . . | d. | 10 — | |
| *h* | pour le tissage et métiers à tisser . . | d. | 10 — | |
| *i* | dynamo-électriques: | | | |
| | 1. d'un poids supérieur à 1,000 kilogrammes . . . . . . . . . . | d. | 30 — | |
| | 2. d'un poids de 1,000 kilogrammes ou moins . . . . . . . . | d. | 30 — | |
| *j* | à coudre: | | | |
| | 1. avec table . . . . . . . . . | d. | 25 — | |
| | 2. sans table . . . . . . . . . | d. | 30 — | |
| *l* | non dénommées . . . . . . . . . | d. | 10 — | |

| Numéros et lettres | DÉNOMINATION DES MARCHANDISES | UNITÉ | DROITS d'entrée | DROITS de sortie |
|---|---|---|---|---|
| | | | Lires Cent. | L. C. |
| 241 | Parties détachées: | | | |
| a | de machines dynamo-électriques . . . | 100 kilog. | 30 — | |
| b | de machines à coudre . . . . . . | d. | 30 — | |
| c | d'autres machines . . . . . . . . | d. | 11 — | |
| 242 | Appareils de cuivre ou d'autres matières pour chauffer, raffiner, distiller etc. . . . . . . . . . . . | d. | 20 — | |
| 243 | Instruments d'optique, de calcul, de précision, de chimie, de physique, de chirurgie, etc.: | | | |
| a | construits en cuivre, bronze, laiton ou acier: | | | |
| | 1. munis de longue vue, microscopes et tiges ou cercles graduées; longues vues terrestres, monocles et binocles, jumelles, loupes, avec ou sans étui . . . . . . . . . . | d. | 125 — | |
| | 2. non munis d'aucun instrument optique ou de tiges ou cercles gradués . . . . . . . . . . . | d. | 75 — | |
| b | de toute espèce, dans la confection desquels le fer domine en toute évidence . . . . . . . . . . . . | d. | 30 — | |
| 244 | Garnitures de cardes . . . . . . . . | d. | 75 — | |
| | Les cardes se classent parmi les machines pour la filature. Les cardes et leurs garnitures paient séparément le droit qui leur est propre, même s'ils sont présentés, en douane, montés. | | | |
| 245 | Véhicules de chemins de fer: | | | |
| a | Wagons à marchandises et tenders . . | d. | 10 — | |
| b | Wagons: | | | |
| | 1. de 1re classe . . . . . . . . | d. | 19 — | |
| | 2. de 2e d. . . . . . . . . | d. | 16 — | |
| | 3. de 3e d. . . . . . . . . | d. | 14 — | |
| | Les vagons mixtes paient le droit le plus élevé. | | | |
| 246 | Or: | | | |
| a | laminé en plaques et clinquant et or tréfilé . . . . . . . . . . . . | Kilog. | 10 — | |
| b | enroulé sur soie ou sur autres matières textiles . . . . . . . . . . | d. | 10 — | |
| c | battu en feuilles (sans défalquer le poids du papier) . . . . . . . . . | d. | 18 — | |

| Numéros et lettres | DÉNOMINATION DES MARCHANDISES | UNITÉ | DROITS d'entrée | DROITS de sortie |
|---|---|---|---|---|
| | | | Lires Cent | L. C. |
| 247 | Argent: | | | |
| *a* | brut, en verges, en poudre et en débris. . . . . . . . . . . . . | — | exempt | |
| *b* | laminé, en plaques et clinquant et argent tréfilé . . . . . . . . . . | Kilog. | 5 — | |
| *c* | enroulé sur la soie ou sur autres matières textiles . . . . . . . . . | d. | 10 — | |
| *d* | battu en feuilles (sans défalquer le poids du papier) . . . . . . . . . | d. | 5 — | |
| 248 | Orfévrerie et vaisselle d'or . . . . . | Hectog. | 14 — | |
| 249 | Articles en argent même dorés, ou argenterie . . . . . . . . . . | Kilog. | 9 — | |
| 250 | Bijoux: | | | |
| *a* | en or . . . . . . . . . . . . . | Hectog. | 14 — | |
| *b* | en argent même dorés . . . . . . . | Kilog. | 10 — | |
| | On entend par bijoux les objets de luxe de petite dimension et qui, précieux par le travail et la matière, sont destinés à servir d'ornement personnel. | | | |
| 251 | Montres et pendules: | | | |
| *a* | de poche: | | | |
| | 1. en boîte d'or . . . . . . . . | Pièce | 1 — | |
| | 2. en boîte de tout autre métal. . | d. | 0 50 | |
| *b* | de table à tableau ou à pendule: | | | |
| | 1. sans cage . . . . . . . . . | d. | 5 — | |
| | 2. avec cage . . . . . . . . . | d. | 5 — plus le droit de la cage. | |
| *c* | Réveils-matin sans sonnerie des heures. | d. | 1 50 | |
| 252 | Orgues à cylindre ou boîtes à musique . | d. | 2 — | |
| 253 | Mouvements d'horlogerie: | | | |
| *a* | de poche . . . . . . . . . . . . | d. | 0 25 | |
| *b* | de table à tableau ou à pendule . . . | d. | 2 — | |
| *c* | de tours, d'églises etc. . . . . . . . | 100 kilog. | 20 — | |
| 254 | Fournitures d'horlogerie . . . . . . . | d. | 100 — | |

| Numéros et lettres | DÉNOMINATION DES MARCHANDISES | UNITÉ | DROITS d'entrée | DROITS de sortie |
|---|---|---|---|---|
| | | | Lires Cent. | L. C. |
| | **CATÉGORIE XIII** | | | |
| | **Pierres, terres, vaisselles, verres et cristaux.** | | | |
| 255 | Pierres précieuses ouvrées: | | | |
| *a* | rubis, émeraudes, diamants etc. . . . | Hectog. | 14 — | |
| *b* | agates, opales, onyx etc. . . . . . | Kilog. | 9 — | |
| 256 | Marbre brut . . . . . . . . . . | — | exempt | |
| 257 | Albâtre brut . . . . . . . . . . | — | exempt | |
| 258 | Marbre et albâtre de toute qualité: | | | |
| *a* | en plaques d'une épaisseur de 16 centimètres et au-dessus . . . . . . | 100 kilog. | 0 50 | |
| *b* | en statues . . . . . . . . . . | — | exempt | |
| *c* | autres, ouvrés . . . . . . . . . | 100 kilog. | 0 75 | |
| 259 | Pierres pour la construction: | | | |
| *a* | brutes. . . . . . . . . . . . | — | exemptes | |
| *b* | en statues . . . . . . . . . . | — | d. | |
| *c* | sciées, sculptées et polies . . . . . | La tonne | 1 — | |
| 260 | Terres colorées (bols, ocre et terres sigillées naturelles ou artificielles) . . | 100 kilog. | 4 — | |
| 261 | Pierres, terres et minerais non métalliques: | | | |
| *a* | plâtre, chaux etc. . . . . . . . . | — | exempts | |
| *b* | ciments et chaux hydraulique . . . . | 100 kilog. | 1 25 | |
| 262 | Briques: | | | |
| *a* | Briques, tuiles ordinaires, carreaux bruts et briques réfractaires. . . . . . | d. | 0 25 | |
| *b* | tuiles plates, façon Marseille et Paris, et briques creuses . . . . . . . | d. | 1 50 | |
| 263 | Soufre brut ou raffiné et fleur de soufre. | d. | exempts | 1 10 |
| 264 | Bitumes solides . . . . . . . . . | d. | 0 50 | |
| 265 | Charbon de terre naturel ou coke . . . | — | exempts | |
| 266 | Graphite . . . . . . . . . . . | — | exempte | |
| 267 | Terres cuites: | | | |
| *a* | d'usage commun . . . . . . . . . | d. | 3 — | |
| | On classe comme terres cuites d'usage commun les carreaux unis et même recouverts d'un enduit terreux; creusets, cornues et tuyaux même | | | |

| Numéros et lettres | DÉNOMINATION DES MARCHANDISES | UNITÉ | DROITS d'entrée | DROITS de sortie |
|---|---|---|---|---|
| | | | Lires Cent. | L. C. |
| 267 | Terres cuites (suite): | | | |
| | émaillés; pièces ou fragments pour décoration architecturale, poëles, jarres, marmites; ustensiles et vaisselle sans ornements, même recouverts d'un enduit métallique brun, jaune, vert, rouge. | | | |
| *b* | autres. . . . . . . . . . . . . | 100 kilog. | 18 — | |
| | On classe parmi les terres cuites autres les ustensiles et vaisselle avec ornements, sculptures ou garnitures de tout genre, faits à la main ou au moule, statues, statuettes, bas-reliefs, surtouts, etc. | | | |
| 268 | Grés: | | | |
| *a* | ordinaires . . . . . . . . . . . | d. | 6 — | |
| *b* | fins . . . . . . . . . . . . . | d. | 18 — | |
| 269 | Majoliques (faïences ou ouvrages de pâte colorée, recouverte d'émail ou de vernis opaque): | | | |
| *a* | carreaux même peints en plusieurs couleurs . . . . . . . . . . . | d. | 6 — | |
| *b* | blancs ou colorés à fond uni . . . . | d. | 10 — | |
| *c* | différemment colorés ou autrement décorés . . . . . . . . . . . | d. | 14 — | |
| 270 | Poterie ou ouvrages de pâte blanche: | | | |
| *a* | blancs . . . . . . . . . . . . | d. | 18 — | |
| *b* | différemment colorés ou peints, dorés ou autrement décorés . . . . . . | d. | 25 — | |
| 271 | Porcelaine: | | | |
| *a* | blanche . . . . . . . . . . . | d. | 25 — | |
| *b* | colorée, dorée ou autrement décorée. . | d. | 40 — | |
| 272 | Plaques de verre ou de cristal: | | | |
| *a* | non polies, communes, pour fenêtres qui mesurent en longueur et largeur réunies: | | | |
| | 1. moins de 120 centimètres. . . | d. | 9 — | |
| | 2. de 120 à 200 centimètres. . . | d. | 11 — | |
| | 3. plus de 200 centimètres . . . | d. | 13 — | |
| *b* | non polies autres . . . . . . . . | d. | 8 — | |
| | Sont comprises dans le n. 272 *b* les plaques pour toiture et dallage, même si elles ne sont pas parfaitement opaques. | | | |
| *c* | polies, non étamées, qui mesurent en longueur et largeur réunies: | | | |
| | 1. pas plus de 160 centimètres . . | d. | 22 — | |
| | 2. plus de 160 centimètres . . . | d. | 28 — | |

| Numéros et lettres | DÉNOMINATION DES MARCHANDISES | UNITÉ | DROITS d'entrée | DROITS de sortie |
|---|---|---|---|---|
| | | | Lires Cent. | L. C. |
| 273 | Miroirs encadrés et glaces à miroirs, polis et étamés (sans défalquer le poids du récipient immédiat) qui mesurent en longueur et largeur réunies : | | | |
| *a* | pas plus de 160 centimètres . . . . | 100 kilog. | 40 — | |
| *b* | plus de 160 centimètres. . . . . . | d. | 50 — | |
| 274 | Ouvrages de verre et de cristal : | | | |
| *a* | simplement soufflés ou coulés, non colorés, ni passés à la meule, ni gravés . . . . . . . . . . . . . | d. | 12 — | |
| *b* | colorés, teints en pâte, passés à la meule, à l'émeri et gravés . . . . | d. | 18 — | |
| | Ne sont pas considérés comme taillés les ouvrages qui n'ont subi que l'opération nécessaire à faire disparaître la trace rugueuse du pontil. | | | |
| *c* | peints, émaillés, dorés, argentés ou autrement décorés . . . . . . . . | d. | 25 — | |
| *d* | gradués pour indiquer la division en millimètres ou en degrés. . . . . | d. | 30 — | |
| 275 | Bouteilles communes . . . . . . . | d. | 5 — | |
| | On entend par bouteilles communes les bouteilles en verre noir, foncé, verdâtre, rougeâtre, destinées habituellement à contenir du vin, à l'exclusion des bouteilles en verre incolore, qui suivent le régime des articles en verre simplement soufflé ou coulé. | | | |
| 276 | Dame-jeannes. . . . . . . . . . . | d. | 6 — | |
| 277 | Verre en morceaux (groisil) . . . . . | — | exempt | |
| 278 | Verres, cristaux, émaux en forme de perles (conterie) pierreries et prismes pour lustres et autres ouvrages semblables . . . . . . . . . . . | 100 kilog. | 50 — | |
| 279 | Vétrifications et émaux en masses, en baguettes et en poudre . . . . . | d. | 5 — | |

| Numéros et lettres | DÉNOMINATION DES MARCHANDISES | UNITÉ | DROITS d'entrée | DROITS de sortie |
|---|---|---|---|---|
| | | | Lires Cent. | L. C. |
| | **CATÉGORIE XIV** | | | |
| | **Céréales, farines, pâtes et produits végétaux non compris dans d'autres catégories.** | | | |
| 280 | Blé ou froment | La tonne | 75 — | |
| 281 | Seigle | d. | 45 — | |
| 282 | Avoine | d. | 40 — | |
| 283 | Orge | d. | 11 50 | |
| | L'orge mondé destiné à la fabrication de la bière est admis en exemption des droits suivant les conditions qui seront établies par décret royal. | | | |
| 284 | Autres grains | d. | 11 50 | |
| 285 | Châtaignes | — | exemptes | |
| 286 | Pommes de terre | — | d. | |
| 287 | Riz: | | | |
| a | en paille | La tonne | 50 — | |
| b | demi-ouvré | d. | 75 — | |
| | Sont compris dans la lettre *b* les riz de Birmanie, Japon, etc., et en général tous ceux qui, quoique dépouillés en tout ou en partie de leur balle, ont encore besoin de subir une main-d'œuvre pour entrer dans la consommation. | | | |
| c | ouvré | d. | 110 — | |
| 288 | Farines: | | | |
| a | de blé ou de froment | 100 kilog. | 12 30 | |
| b | de riz | d. | 2 80 | |
| c | de menus grains, de châtaignes et de millet | d. | 2 80 | |
| d | de graine de lin et de coton | d. | 2 80 | |
| 289 | Semoules | d. | 15 50 | |
| 290 | Son | d. | 3 50 | |
| 291 | Pâtes de froment | d. | 16 — | |
| 292 | Pain et biscuits de mer | d. | 16 — | |
| 293 | Fécules | d. | 2 — | |

| Numéros et lettres | DÉNOMINATION DES MARCHANDISES | UNITÉ | DROITS d'entrée | DROITS de sortie |
|---|---|---|---|---|
| | | | Lires Cent. | L. C |
| 294 | Amidon: | | | |
| a | ordinaire: | | | |
| | 1. de riz | 100 kilog. | 12 — | |
| | 2. d'autres matières | d. | 8 — | |
| b | fin ou en boîtes | d. | 15 — | |
| 295 | Oranges et citrons (limons) même en saumure | d. | 4 — | |
| 296 | Cèdres et cédrats, même en saumure. | — | exempts | |
| 297 | Raisin frais | 100 kilog. | 7 50 | |
| 298 | Fruits frais non dénommés | d. | 1 — | |
| 299 | Dattes | d. | 12 — | |
| 300 | Caroubes ou carouges | d. | 1 75 | |
| 301 | Pistaches avec ou sans coque | d. | 8 — | |
| 302 | Fruits secs: | | | |
| a | amandes: | | | |
| | 1. sans coque | — | exemptes | |
| | 2. avec coque | — | d. | |
| b | noix et noisettes | — | d. | |
| c | oléagineux non dénommés | — | d. | |
| d | figues | 100 kilog. | 15 — | |
| e | raisin | d. | 20 — | |
| f | prunes | d. | 10 — | |
| g | non dénommés | d. | 10 — | |
| 303 | Fruits, légumes et plantes potagères: | | | |
| a | dans du vinaigre, de l'eau salée ou de l'huile | d. | 20 — | |
| b | dans de l'esprit de vin | d. | 120 — | |
| 304 | Champignons et truffes | d. | 10 — | |
| 305 | Houblon | — | exempt | |
| 306 | Graines: | | | |
| a | oléagineuses: | | | |
| | 1. de ricin | — | exemptes | 1 10 |
| | 2. de lin, de colza et de ravisson | 100 kilog. | 4 75 | 1 10 |
| | 3. de sésame et d'arachide | d. | 6 — | 1 10 |
| | 4. autres | d. | 5 — | 1 10 |
| b | non oléagineuses | d. | exemptes | 1 10 |

| Numéros et lettres | DÉNOMINATION DES MARCHANDISES | UNITÉ | DROITS d'entrée | DROITS de sortie |
|---|---|---|---|---|
| | | | Lires Cent. | L. C. |
| 307 | Huile de palme et de coco . . . . . | 100 kilog. | 4 — | |
| 308 | Tourteaux de noix et d'autres matières . | — | exempts | |
| 309 | Produits végétaux : | | | |
| *a* | légumes et plantes potagères frais . . | — | exempts | |
| *b* | non dénommés . . . . . . . . . | — | d. | |

## CATÉGORIE XV

**Animaux, produits et dépouilles d'animaux non compris dans d'autres catégories.**

| Numéros et lettres | DÉNOMINATION DES MARCHANDISES | UNITÉ | DROITS d'entrée | DROITS de sortie |
|---|---|---|---|---|
| 310 | Chevaux . . . . . . . . . . . . | Tête | 40 — | |
| 311 | Mulets . . . . . . . . . . . . . | d. | 15 — | |
| 312 | Anes . . . . . . . . . . . . . | d. | 5 — | |
| 313 | Bœufs . . . . . . . . . . . . . | d. | 38 — | |
| 314 | Taureaux . . . . . . . . . . . . | d. | 18 — | |
| 315 | Vaches. . . . . . . . . . . . . | d. | 12 — | |
| 316 | Bouvillons et taurillons . . . . . . | d. | 8 — | |
| 317 | Veaux . . . . . . . . . . . . . | d. | 8 — | |
| 318 | Races ovine et caprine . . . . . . | d. | 3 — | |
| 319 | Porcs : | | | |
| *a* | pesant jusqu'à 10 kilogrammes inclusivement . . . . . . . . . . | d. | 3 — | |
| *b* | pesant plus de 10 jusqu'à 20 kilogrammes inclusivement . . . . . . . | d. | 3 — | |
| *c* | pesant plus de 20 kilogrammes . . . | d. | 10 — | |
| 320 | Viande : | | | |
| *a* | fraîche . . . . . . . . . . . . Les animaux tués entiers, à l'exception du gibier, suivent le régime de la viande fraîche, comme s'ils étaient en morceaux. | 100 kilog. | 12 — | |
| *b* | cuite . . . . . . . . . . . . . | d. | 12 — | |
| *c* | salée et fumée ou autrement préparée . | d. | 25 — | |
| 321 | Volaille . . . . . . . . . . . . | d. | 5 — | |

| Numéros et lettres | DÉNOMINATION DES MARCHANDISES | UNITÉ | DROITS d'entrée | DROITS de sortie |
|---|---|---|---|---|
| | | | Lires Cent. | L. C. |
| 322 | Extraits de viande et tablettes de bouillon . . . . . . . . . . . . . | 100 kilog. | 40 — | |
| 323 | Gibier et gibier sauvage . . . . . . | d. | 15 — | |
| 324 | Sangsues . . . . . . . . . . . . | — | exemptes | |
| 325 | Boyaux: | | | |
| *a* | frais . . . . . . . . . . . . . | - | exempts | |
| *b* | salés . . . . . . . . . . . . . | 100 kilog. | 4 — | |
| 326 | Poissons: | | | |
| *a* | frais de toute espèce . . . . . . . | — | exempts | |
| *b* | secs ou fumés . . . . . . . . . | 100 kilog. | 5 — | |
| *c* | en saumure . . . . . . . . . . | d. | 6 — | |
| *d* | marinés ou conservés dans l'huile y compris le thon: | | | |
| | 1. en boîtes . . . . . . . . | d. | 30 — | |
| | 2. conservés autrement . . . . | d. | 30 — | |
| 327 | Caviar et autres œufs de poisson préparés . . . . . . . . . . . . . | d. | 30 — | |
| 328 | Lait. . . . . . . . . . . . . . | — | exempt | |
| 329 | Extrait de lait . . . . . . . . . . | 100 kilog. | 15 — | |
| 330 | Beurre: | | | |
| *a* | frais . . . . . . . . . . . . . | d. | 12 50 | |
| *b* | salé . . . . . . . . . . . . . | d. | 17 50 | |
| 331 | Fromage . . . . . . . . . . . . | d. | 25 — | |
| 332 | Œufs de volaille . . . . . . . . | — | exempts | |
| 333 | Graisse de porc (fondue) . . . . . . | 100 kilog. | 10 — | |
| 334 | Autres graisses . . . . . . . . . | — | exemptes | |
| 335 | Acide stéarique . . . . . . . . . | 100 kilog. | 8 — | |
| 336 | Acide oléique (oléine) . . . . . . . | d. | 4 — | |
| 337 | Acides gras ayant le point de solidification à une température supérieure à 40°, mais inférieure à 48° . . . . | d. | 4 — | |
| 338 | Bougies stéariques . . . . . . . . | d. | 15 — | |
| 339 | Abeilles vivantes avec leur ruche . . . | — | exemptes | |
| 340 | Miel de toute sorte. . . . . . . . . | 100 kilog. | 10 — | |

| Numéros et lettres | DÉNOMINATION DES MARCHANDISES | UNITÉ | DROITS d'entrée | DROITS de sortie |
|---|---|---|---|---|
| | | | Lires Cent | L. C. |
| 341 | Cire: | | | |
| a | jaune: | | | |
| | 1. non ouvrée | 100 kilog. | 15 — | |
| | 2. ouvrée | d. | 20 — | |
| b | blanche: | | | |
| | 1. non ouvrée | d. | 30 — | |
| | 2. ouvrée | d. | 40 — | |
| 342 | Débris et réduits de bougies en cire | d. | 10 — | |
| 343 | Colle: | | | |
| a | forte | d. | 4 — | |
| b | de poisson | d. | 15. — | |
| 344 | Plumes: | | | |
| a | d'ornement: | | | |
| | 1. brutes | Kilog. | 3 — | |
| | 2. ouvrées. | d. | 35 — | |
| b | de lit (duvet) | — | exemptes | |
| 345 | Cheveux: | | | |
| a | bruts | Kilog. | 3 — | |
| b | ouvrés | d. | 10 — | |
| 346 | Eponges: | | | |
| a | communes: | | | |
| | 1. brutes | — | exemptes | |
| | 2. ouvrées. | 100 kilog. | 40 — | |
| b | fines: | | | |
| | 1. brutes | — | exemptes | |
| | 2. ouvrées. | 100 kilog. | 200 — | |
| 347 | Corail: | | | |
| a | brut | — | exempt | |
| b | ouvré: | | | |
| | 1. non monté. | — | d. | |
| | 2. monté en toute matière excepté en or | Kilog. | 10 - | |
| 348 | Ivoire, nacre et écaille: | | | |
| a | bruts | — | exempts | |
| b | ouvrés | 100 kilog. | 150 - | |
| 349 | Corne, os et autres matières similaires: | | | |
| a | bruts | — | exempts | |
| b | ouvrés | 100 kilog. | 80 — | |

| Numéros et lettres | DÉNOMINATION DES MARCHANDISES | UNITÉ | DROITS d'entrée | DROITS de sortie |
|---|---|---|---|---|
| | | | Lires Cent. | L. C. |
| 350 | Ambre et objets d'ambre . . . . . . | 100 kilog. | 150 — | |
| 351 | Engrais . . . . . . . . . . . . | — | exempt | |
| | CATÉGORIE XVI | | | |
| | **Objets divers.** | | | |
| 352 | Mercerie : | | | |
| *a* | commune. . . . . . . . . . . . | 100 kilog. | 100 — | |
| *b* | fine . . . . . . . . . . . . . | d. | 200 — | |
| | Les articles assimilés par le répertoire à la mercerie, sans désignation d'espèce, suivent le régime de la mercerie fine quand ils sont garnis de soie, d'ambre vrai ou faux, d'ivoire, de nacre, d'écaille, de plumes, de fleurs artificielles ou de dentelles, ou quand ils sont dorés ou argentés. Toutefois ces mêmes objets, lorsqu'ils sont montés en métaux précieux, suivent le régime de l'orfèvrerie ou de la bijouterie Les articles assimilés par le répertoire à la mercerie commune, quand ils sont exclusivement composés de bois, suivent le régime de la mercerie commune de bois. | | | |
| 353 | Eventails : | | | |
| *a* | communs. . . . . . . . . . . . | d. | 100 — | |
| *b* | fins . . . . . . . . . . . . . | d. | 200 — | |
| | Les éventails dont le répertoire ne donne pas la classification suivent le régime des éventails fins, lorsqu'ils sont garnis de soie, d'ambre vrai ou faux, d'ivoire, de nacre, d'écaille, de fleurs artificielles, de plumes ou de dentelles, ou quand ils sont dorés ou argentés. | | | |
| 354 | Plateaux (cabarets) et garnitures de meubles en tôle métallique bruts . . . | d. | 60 — | |
| 355 | Instruments de musique : | | | |
| *a* | orgues : | | | |
| | 1. d'église . . . . . . . . . | d. | 16 — | |
| | 2. portatives . . . . . . . . | Pièce | 5 — | |
| | Les orgues à clavier, soufflets et tuyaux à la partie extérieure, et les orgues de grande dimension même à cylindres, destinées à servir comme meubles de salon, suivent le régime des pianos droits. | | | |
| *b* | pianos : | | | |
| | 1. droits . . . . . . . . . | d. | 90 — | |
| | 2. à queue. . . . . . . . . | d. | 180 — | |
| *c* | armoniums . . . . . . . . . . | d. | 40 — | |

| Numéros et lettres | DÉNOMINATION DES MARCHANDISES | UNITÉ | DROITS d'entrée | DROITS de sortie |
|---|---|---|---|---|
| | | | Lires Cent. | L. C. |
| 355 | Instruments de musique (suite): | | | |
| *d* | non dénommés à cordes: | | | |
| | 1. du poids de 400 grammes ou moins. | Pièce | 2 — | |
| | 2. d'un poids supérieur à 400 grammes . . . . . . . . . . . . | d. | 4 — | |
| *e* | non dénommés à vent: | | | |
| | 1. du poids de 400 grammes ou moins. | d. | 2 — | |
| | 2. d'un poids supérieur à 400 grammes. . . . . . . . . . . . | d. | 4 — | |
| *f* | autres non dénommés . . . . . . | d. | 2 — | |
| 356 | Parties détachées d'instruments de musique . . . . . . . . . . . . | 100 kilog. | 100 — | |
| 357 | Cordes pour instruments de musique . . | d. | 80 — | |
| 358 | Caoutchouc et gutta-percha: | | | |
| *a* | bruts, solides et liquides . . . . . | — | exempts | |
| *b* | en feuilles sciées et en articles en feuilles sciées . . . . . . . . . . | 100 kilog. | 60 — | |
| *c* | en fils . . . . . . . . . . . . | d. | 75 — | |
| *d* | en tuyaux et en feuilles contenant des fils ou des toiles métalliques . . . | d. | 40 — | |
| *e* | en autres articles y compris ceux de caoutchouc durci (ébanite) et à l'exclusion des articles en caoutchouc mélangés avec des tissus ou des métaux. | d. | 50 — | |
| *f* | en objets de toute forme mélangés avec des tissus, excepté les tissus gommés en pièce et les articles d'habillement ou de voyage. . . . . . . . . | d. | 60 — | |
| | Les tissus gommés en pièce et les articles d'habillement ou de voyage se classent comme tissus selon leur espèce ou comme articles confectionnés. | | | |
| *g* | ouvrés en passementerie, en rubans et tissus élastiques. . . . . . . . | d. | 140 — | |
| 359 | Fils et cordons électriques isolés: | | | |
| *a* | composés d'un ou de plusieurs conducteurs métalliques recouverts de matières textiles et vernis, et même avec du gutta-percha ou du caoutchouc . . . . . . . . . . . | d. | 60 — | |
| *b* | cordons électriques composés d'un ou de plusieurs conducteurs métalliques recouverts de matières isolantes, | | | |

| Numéros et lettres | DÉNOMINATION DES MARCHANDISES | UNITÉ | DROITS d'entrée | DROITS de sortie |
|---|---|---|---|---|
| | | | Lires Cent. | L. C. |
| 359 | Fils et cordons électriques isolés (suite) : | | | |
| | doublés de fer ou de toute autre métal, y compris les câbles sous-marins . . | 100 kilog. | 30 — | |
| 360 | Casquettes et bérets . . . . . . . | le cent | 100 - | |
| 361 | Chapeaux : | | | |
| *a* | de soie pure ou mélangée d'autres matières, à l'exception des chapeaux garnis pour dame . . . . . . . | d. | 150 — | |
| *b* | de toute autre matière, excepté la paille et ceux garnis pour dame . . . . | d. | 100 — | |
| *c* | de toute autre qualité, garnis, pour dame . . . . . . . . . . . . | d. | 500 — | |
| 362 | Fleurs artificielles . . . . . . . . | Kilog. | 15 — | |
| 363 | Fournitures pour fleurs artificielles . . | d. | 5 — | |
| | On comprend sous cette dénomination les parties évidemment destinées à représenter des parties de fleurs, comme : feuilles, calices, pistils, etc. | | | |
| 364 | Carcasses pour articles de mode . . . | d. | 1 — | |
| 365 | Parapluies : | | | |
| *a* | de soie . . . . . . . . . . . . | le cent | 140 — | |
| *b* | de toute autre étoffe . . . . . . . | d. | 80 — | |
| | Pour le classement on ne tient compte que de l'étoffe qui les recouvre et non de celle dont ils peuvent être doublés. | | | |
| 366 | Articles pour parapluies . . . . . . . | 100 kilog. | 30 — | |
| 367 | Pinceaux avec ou sans manche . . . . | d. | 20 — | |
| 368 | Objets d'art et de collection : | | | |
| *a* | pour des collections scientifiques de zoologie, de botanique et de minéralogie. | — | exempts | |
| *b* | autres : | | | |
| | 1. modernes . . . . . . . . . | — | Droit des objets suivant la matière dont ils sont formés. | |
| | 2. anciens . . . . . . . . . | — | d. | 1 0/0 sur la valeur. |
| | Sont considérés comme objets de collection et d'art anciens ceux d'une date antérieure au XIX siècle. Pour l'exportation des objets de collection et d'art *autres*, il faut accomplir les formalités prescrites par les lois spéciales en vigueur dans les différentes provinces du royaume. | | | |

| Numéros et lettres | DÉNOMINATION DES MARCHANDISES | UNITÉ | DROITS d'entrée | DROITS de sortie |
|---|---|---|---|---|
| | | | Lires Cent. | L. C. |
| | CATÉGORIE XVII | | | |
| | **Métaux précieux.** | | | |
| 369 | Or: | | | |
| a | brut, en baguettes, en poudre ou en morceaux . . . . . . . . . . . . | — | exempt | |
| b | monnayé . . . . . . . . . . . . | — | d. | |
| 370 | Argent, en monnaies de l'Union latine . | — | d. | |

Vu d'ordre de S. M.
*Le Ministre Secrétaire d'Etat pour les Finances*
(Signé): P. BOSELLI.

# DISPOSITIONS DOUANIÈRES ITALIENNES

## ASSIMILATION DE PRODUITS

Rivures de cuivre. — Par Décret du 30 novembre 1895, n. 50755-10487, du Ministre des finances, les *rivures de cuivre* sont assimilées aux *cendres de cuivre* et doivent être classées comme: *Cuivre en pains, rosettes, limailles et débris* (art. 225-*a* du nouveau tarif général des douanes. 4 fr. par 100 kilog.)

Soie artificielle. — Par Décret du 7 décembre 1895, n. 57090-11727, du Ministre des finances, la *soie artificielle* est assimilée à la *soie naturelle* et doit être classée comme: *soie moulinée ou torse* (art. 153 du nouveau tarif général des douanes).

Lactophénine. — Par Décret du 4 janvier 1896, du Ministre des finances, la *lactophénine* est assimilée à la phénacétine pour l'application du tarif de douanes (art. 34-*b* du nouveau tarif: *Alcaloïdes non dénommés et leurs sels.* 12 fr. le kilog.)

# AVIS.

Au mois de novembre 1895 nous avons publié la note suivante, concernant les paniers servant à l'expédition des vins français en Italie:

« Le n. 177 ancien, et n. 185 nouveau, du tarif des douanes ita-
« liennes porte la dénomination *Vanneries et nattes*, qui se subdivise en
« deux espèces: *Travaux grossiers* et *Travaux fins*.

« La première espèce paie 8 fr. les cent kilog. et comprend: les
« cabas, corbeilles, *paniers* et articles similaires, fabriqués avec des

« lamelles de bois, de l'osier ou du jonc grossièrement ouvrés, et qui « servent au transport des produits et marchandises, ou font partie du « matériel agricole.... les travaux en gros osiers *non dépouillés de leur « écorce* et qui servent à l'emballage des marchandises....

« La seconde espèce comprend les paniers à ouvrage, grands et « petits, pour femmes, et autres articles d'usage domestique, qui paient « 30 fr. les cent kilog.

« Les marchandises expédiées en panier paient le droit qui leur est « propre, et les paniers paient à part 8 frs. les cent kilog. s'ils appartien- « nent à la première espèce et 30 frs. les cent kilog. s'ils appartiennent « à la seconde.

« Appartiennent à la première espèce les paniers confectionnés avec « de l'osier non dépouillé de son écorce, et, à la seconde espèce, ceux con- « fectionnés avec de l'osier dépouillé de son écorce en tout ou *en partie.*

« Le poids de ces récipients est calculé en raison de 12 kilog. par « cent kilog. de poids brut de la marchandise.

« Il est donc préférable pour les exportateurs de faire les expédi- « tions en caisses. »

# PROMPTUAIRE OFFICIEL

POUR

**l'application des droits sur les filés et sur les tissus de lin et de chanvre, de coton et de laine.**

## Filés de lin et de chanvre.

| QUALITÉ DES FILÉS | UNITÉ | écrus | lessivés ou blanchis | teints |
|---|---|---|---|---|
| **Simples :** | | | | |
| jusqu'à 7,000 mètres par kilog. . | 100 kilog. | 14 „ | 17 50 | 39 „ |
| de 7,000 à 15,000 m. „ . | „ | 19 „ | 23 75 | 44 „ |
| de 15,000 à 20,000 m. „ . | „ | 28 „ | 35 „ | 53 „ |
| de 20,000 à 37,000 m. „ . | „ | 28 „ | 35 „ | 53 „ |
| de 37,000 en plus „ . | „ | 28 „ | 35 „ | 53 „ |
| **Retors :** | | | | |
| jusqu'à 7,000 mètres par kilog. . | „ | 31 „ | 34 50 | 56 „ |
| de 7,000 à 15,000 m. „ . | „ | 36 „ | 40 75 | 61 „ |
| de 15,000 à 20,000 m. „ . | „ | 45 „ | 52 „ | 70 „ |
| de 20,000 à 37,000 m. „ . | „ | 45 „ | 52 „ | 70 „ |
| de 37,000 en plus „ . | „ | 45 „ | 52 „ | 70 „ |

## Filés de jute.

| QUALITÉ DES FILÉS | UNITÉ | écrus | lessivés ou blanchis | teints |
|---|---|---|---|---|
| Simples . . . . . . . . . . . . . | 100 kilog. | 10 „ | 12 50 | 35 „ |
| Retors . . . . . . . . . . . . . | „ | 27 „ | 29 50 | 52 „ |

## Tissus de lin et de chanvre.

| QUALITÉ DES TISSUS | | UNITÉ | 10 fils ou moins | de 10 à 26 fils | de 26 à 40 fils | de 40 à 45 fils | plus de 45 fils |
|---|---|---|---|---|---|---|---|
| | | | ayant entre chaîne et trame dans un carré de 5 millimètres de côté | | | | |
| Ecrus | unis | 100 KILOGRAMMES | 25 » | 75 » | 96 » | 122 » | 122 » |
| | ouvrés | | 45 » | 95 » | 116 » | 142 » | 142 » |
| Lessivés ou blanchis | unis | | 32 50 | 97 50 | 124 80 | 158 60 | 158 60 |
| | ouvrés | | 52 50 | 117 50 | 144 80 | 178 60 | 178 60 |
| Teints | unis | | 60 » | 110 » | 131 » | 157 » | 157 » |
| | ouvrés | | 80 » | 130 » | 151 » | 177 » | 177 » |
| Imprimés | unis | | 112 50 | 177 50 | 204 80 | 238 60 | 238 60 |
| | ouvrés | | 132 50 | 197 50 | 224 80 | 258 60 | 258 60 |
| **Brodés à chaînette:** | | | | | | | |
| Ecrus | unis | | 225 » | 275 » | 296 » | 322 » | 322 » |
| | ouvrés | | 245 » | 295 » | 316 » | 342 » | 342 » |
| Lessivés ou blanchis | unis | | 232 50 | 297 50 | 324 80 | 358 60 | 358 60 |
| | ouvrés | | 252 50 | 317 50 | 344 80 | 378 60 | 378 60 |
| Teints | unis | | 260 » | 310 » | 331 » | 357 » | 357 » |
| | ouvrés | | 280 » | 330 » | 351 » | 377 » | 377 » |
| Imprimés | unis | | 312 50 | 377 50 | 404 80 | 438 60 | 438 60 |
| | ouvrés | | 332 50 | 397 50 | 424 80 | 458 60 | 458 60 |
| **Brodés au point passé:** | | | | | | | |
| Ecrus | unis | | 325 » | 375 » | 396 » | 422 » | 422 » |
| | ouvrés | | 345 » | 395 » | 416 » | 442 » | 442 » |
| Lessivés ou blanchis | unis | | 332 50 | 397 50 | 424 80 | 458 60 | 458 60 |
| | ouvrés | | 352 50 | 417 50 | 444 80 | 478 60 | 478 60 |
| Teints | unis | | 360 » | 410 » | 431 » | 457 » | 457 » |
| | ouvrés | | 380 » | 430 » | 451 » | 477 » | 477 » |
| Imprimés | unis | | 412 50 | 477 50 | 504 80 | 538 60 | 538 60 |
| | ouvrés | | 432 50 | 497 50 | 524 80 | 558 60 | 558 60 |

**Nota.** — Aux susdits droits on ajoute:

Lires 500 par 100 kg. si les tissus sont mélangés de fils métalliques d'or ou d'argent fins, ou dorés et argentés.

Lires 200 par 100 kg. s'ils sont mélangés avec des fils métalliques de métaux communs.

Les tissus brodés avec des fils métalliques devront être considérés comme brodés et en même temps mélangés de fils métalliques et conséquemment supporter les deux augmentations de droit.

Cette note s'applique aussi aux tissus de toute autre matière.

## Filés de coton.

| QUALITÉ DES FILÉS | UNITÉ | écrus | | | blanchis | | | teints | | |
|---|---|---|---|---|---|---|---|---|---|---|
| | | Filés de coton | Chaines ourdies de coton | Filés de vigogne | Filés de coton | Chaînes ourdies de coton | Filés de vigogne | Filés de coton | Chaines ourdies de coton | Filés de vigogne |
| Simples mesurant par chaque demi-kilog. : | 100 KILOGRAMMES | | | | | | | | | |
| pas plus de 10,000 m. | | 18 » | 20 70 | 28 » | 21 60 | 24 84 | 31 60 | 43 » | 49 45 | 53 » |
| de 10,000 à 20,000 » | | 24 » | 27 60 | 34 » | 28 80 | 33 12 | 38 80 | 49 » | 56 35 | 59 » |
| de 20,000 à 30,000 » | | 30 » | 34 50 | 40 » | 36 » | 41 40 | 46 » | 55 » | 63 25 | 65 » |
| de 30,000 à 40,000 » | | 36 » | 41 40 | 46 » | 43 20 | 49 68 | 53 20 | 61 » | 70 15 | 71 » |
| de 40,000 à 50,000 » | | 45 » | 51 75 | 55 » | 54 » | 62 10 | 64 » | 70 » | 80 50 | 80 » |
| de 50,000 à 60,000 » | | 52 » | 59 80 | 62 » | 62 40 | 71 76 | 72 40 | 77 » | 88 55 | 87 » |
| de 60,000 et plus » | | 60 » | 69 » | 70 » | 72 » | 82 80 | 82 » | 85 » | 97 75 | 95 » |
| Retors mesurant par chaque demi-kilog. : | | | | | | | | | | |
| pas plus de 10,000 m. | | 35 » | 40 25 | 45 » | 38 60 | 44 39 | 48 60 | 60 » | 69 » | 70 » |
| de 10,000 à 20,000 » | | 41 » | 47 15 | 51 » | 45 80 | 52 67 | 55 80 | 66 » | 75 90 | 76 » |
| de 20,000 à 30,000 » | | 47 » | 54 05 | 57 » | 53 » | 60 95 | 63 » | 72 » | 82 80 | 82 » |
| de 30,000 à 40,000 » | | 53 » | 60 95 | 63 » | 60 20 | 69 23 | 70 20 | 78 » | 89 70 | 88 » |
| de 40,000 à 50,000 » | | 62 » | 71 30 | 72 » | 71 » | 81 65 | 81 » | 87 » | 100 05 | 97 » |
| de 50,000 à 60,000 » | | 69 » | 79 35 | 79 » | 79 40 | 91 31 | 89 40 | 94 » | 108 10 | 104 » |
| de 60,000 et plus » | | 77 » | 88 55 | 87 » | 89 » | 102 35 | 99 » | 102 » | 117 30 | 112 » |

## Tissus de coton écrus.

| QUALITÉ DES TISSUS | UNITÉ | du poids de 13 kg. ou plus par 100 mètres carrés et présentant en chaîne et en trame dans le carré de 5 millimètres de côté : | | | pesant 7 kg. ou plus, mais moins de 13 kg par 100 mètres carrés et présentant en chaîne et en trame dans le carré de 5 millimètres de côté : | | | pesant 3 kg. ou plus, mais moins de 7 kg. par 100 mètres carrés et présentant en chaîne et en trame dans le carré de 5 millimètres de côté : | | |
|---|---|---|---|---|---|---|---|---|---|---|
| | | 27 fils élémentaires ou moins | de 27 à 38 fils élémentaires | plus de 38 fils | 27 fils élémentaires ou moins | de 27 à 38 fils élémentaires | plus de 38 fils | 27 fils élémentaires ou moins | de 27 à 38 fils élémentaires | plus de 38 fils |
| Unis | 100 KILOGRAMMES | 62 » | 74 » | 74 » | 84 » | 100 » | 100 » | 110 » | 130 » | 130 » |
| Ouvrés | | 82 » | 94 » | 94 » | 104 » | 120 » | 120 » | 130 » | 150 » | 150 » |
| Brochés | | 102 » | 114 » | 114 » | 124 » | 140 » | 140 » | 150 » | 170 » | 170 » |
| **Brodés à chaînette :** | | | | | | | | | | |
| unis | | 262 » | 274 » | 274 » | 284 » | 300 » | 300 » | 310 » | 330 » | 330 » |
| ouvrés | | 282 » | 294 » | 294 » | 304 » | 320 » | 320 » | 330 » | 350 » | 350 » |
| brochés | | 302 » | 314 » | 314 » | 324 » | 340 » | 340 » | 350 » | 370 » | 370 » |
| **Brodés au point passé :** | | | | | | | | | | |
| unis | | 362 » | 374 » | 374 » | 384 » | 400 » | 400 » | 410 » | 430 » | 430 » |
| ouvrés | | 382 » | 394 » | 394 » | 404 » | 420 » | 420 » | 430 » | 450 » | 450 » |
| brochés | | 402 » | 414 » | 414 » | 424 » | 440 » | 440 » | 450 » | 470 » | 470 » |
| **Mélangés de soie en quantité inférieure à 12 0/0** | | | | | | | | | | |
| Unis | | 102 » | 114 » | 114 » | 124 » | 140 » | 140 » | 150 » | 170 » | 170 » |
| Ouvrés | | 122 » | 134 » | 134 » | 144 » | 160 » | 160 » | 170 » | 190 » | 190 » |
| Brochés | | 142 » | 154 » | 154 » | 164 » | 180 » | 180 » | 190 » | 210 » | 210 » |
| **Brodés à chaînette :** | | | | | | | | | | |
| unis | | 302 » | 314 » | 314 » | 324 » | 340 » | 340 » | 350 » | 370 » | 370 » |
| ouvrés | | 322 » | 334 » | 334 » | 344 » | 360 » | 360 » | 370 » | 390 » | 390 » |
| brochés | | 342 » | 354 » | 354 » | 364 » | 380 » | 380 » | 390 » | 410 » | 410 » |
| **Brodés au point passé :** | | | | | | | | | | |
| unis | | 402 » | 414 » | 414 » | 424 » | 440 » | 440 » | 450 » | 470 » | 470 » |
| ouvrés | | 422 » | 434 » | 434 » | 444 » | 460 » | 460 » | 470 » | 490 » | 490 » |
| brochés | | 442 » | 454 » | 454 » | 464 » | 480 » | 480 » | 490 » | 510 » | 510 » |
| **Mélangés de laine en quantité inférieure à 50 0/0** | | | | | | | | | | |
| Unis | | 82 » | 94 » | 94 » | 104 » | 120 » | 120 » | 130 » | 150 » | 150 » |
| Ouvrés | | 102 » | 114 » | 114 » | 124 » | 140 » | 140 » | 150 » | 170 » | 170 » |
| Brochés | | 122 » | 134 » | 134 » | 144 » | 160 » | 160 » | 170 » | 190 » | 190 » |
| **Brodés à chaînette :** | | | | | | | | | | |
| unis | | 282 » | 294 » | 294 » | 304 » | 320 » | 320 » | 330 » | 350 » | 350 » |
| ouvrés | | 302 » | 314 » | 314 » | 324 » | 340 » | 340 » | 350 » | 370 » | 370 » |
| brochés | | 322 » | 334 » | 334 » | 344 » | 360 » | 360 » | 370 » | 390 » | 390 » |
| **Brodés au point passé :** | | | | | | | | | | |
| unis | | 382 » | 394 » | 394 » | 404 » | 420 » | 420 » | 430 » | 450 » | 450 » |
| ouvrés | | 402 » | 414 » | 414 » | 424 » | 440 » | 440 » | 450 » | 470 » | 470 » |
| brochés | | 422 » | 434 » | 434 » | 444 » | 460 » | 460 » | 470 » | 490 » | 490 » |

## Tissus de coton blanchis.

| QUALITÉ DES TISSUS | UNITÉ | du poids de 13 kg. ou plus par 100 mètres carrés et présentant en chaîne et en trame dans le carré de 5 millimètres de côté : | | | pesant 7 kg. ou plus, mais moins de 13 kg. par 100 mètres carrés et présentant en chaîne et en trame dans le carré de 5 millimètres de côté : | | | pesant 3 kg. ou plus, mais moins de 7 kg. par 100 mètres carrés et présentant en chaîne et en trame dans le carré de 5 millimètres de côté : | | |
|---|---|---|---|---|---|---|---|---|---|---|
| | | 27 fils élémentaires ou moins | de 27 à 38 fils élémentaires | plus de 38 fils | 27 fils élémentaires ou moins | de 27 à 38 fils élémentaires | plus de 38 fils | 27 fils élémentaires ou moins | de 27 à 38 fils élémentaires | plus de 38 fils |
| Unis. . . . . . . . | 100 KILOGRAMMES | 74 40 | 88 80 | 88 80 | 100 80 | 120 » | 120 » | 132 » | 156 » | 156 » |
| Ouvrés . . . . . . | | 94 40 | 108 80 | 108 80 | 120 80 | 140 » | 140 » | 152 » | 176 » | 176 » |
| Brochés . . . . . . | | 114 40 | 128 80 | 128 80 | 140 80 | 160 » | 160 » | 172 » | 196 » | 196 » |
| **Brodés à chaînette :** | | | | | | | | | | |
| unis. . . . . . . | | 274 40 | 288 80 | 288 80 | 300 80 | 320 » | 320 » | 332 » | 356 » | 356 » |
| ouvrés . . . . . | | 294 40 | 308 80 | 308 80 | 320 80 | 340 » | 340 » | 352 » | 376 » | 376 » |
| brochés. . . . . | | 314 40 | 328 80 | 328 80 | 340 80 | 360 » | 360 » | 372 » | 396 » | 396 » |
| **Brodés au point passé :** | | | | | | | | | | |
| unis. . . . . . . | | 374 40 | 388 80 | 388 80 | 400 80 | 420 » | 420 » | 432 » | 456 » | 456 » |
| ouvrés . . . . . | | 394 40 | 408 80 | 408 80 | 420 80 | 440 » | 440 » | 452 » | 476 » | 476 » |
| brochés. . . . . | | 414 40 | 428 80 | 428 80 | 440 80 | 460 » | 460 » | 472 » | 496 » | 496 » |
| *Mélangés de soie en quantité inférieure à 12 0/0* | | | | | | | | | | |
| Unis. . . . . . . . | | 114 40 | 128 80 | 128 80 | 140 80 | 160 » | 160 » | 172 » | 196 » | 196 » |
| Ouvrés . . . . . | | 134 40 | 148 80 | 148 80 | 160 80 | 180 » | 180 » | 192 » | 216 » | 216 » |
| Brochés . . . . . . | | 154 40 | 168 80 | 168 80 | 180 80 | 200 » | 200 » | 212 » | 236 » | 236 » |
| **Brodés à chaînette :** | | | | | | | | | | |
| unis. . . . . . . | | 314 40 | 328 80 | 328 80 | 340 80 | 360 » | 360 » | 372 » | 396 » | 396 » |
| ouvrés . . . . . | | 334 40 | 348 80 | 348 80 | 360 80 | 380 » | 380 » | 392 » | 416 » | 416 » |
| brochés. . . . . | | 354 40 | 368 80 | 368 80 | 380 80 | 400 » | 400 » | 412 » | 436 » | 436 » |
| **Brodés au point passé :** | | | | | | | | | | |
| unis. . . . . . . | | 414 40 | 428 80 | 428 80 | 440 80 | 460 » | 460 » | 472 » | 496 » | 496 » |
| ouvrés . . . . . | | 434 40 | 448 80 | 448 80 | 460 80 | 480 » | 480 » | 492 » | 516 » | 516 » |
| brochés. . . . . | | 454 40 | 468 80 | 468 80 | 480 80 | 500 » | 500 » | 512 » | 536 » | 536 » |
| *Mélangés de laine en quantité inférieure à 50 0/0* | | | | | | | | | | |
| Unis. . . . . . . . | | 94 40 | 108 80 | 108 80 | 120 80 | 140 » | 140 » | 152 » | 176 » | 176 » |
| Ouvrés . . . . . . | | 114 40 | 128 80 | 128 80 | 140 80 | 160 » | 160 » | 172 » | 196 » | 196 » |
| Brochés . . . . . | | 134 40 | 148 80 | 148 80 | 160 80 | 180 » | 180 » | 192 » | 216 » | 216 » |
| **Brodés à chaînette :** | | | | | | | | | | |
| unis. . . . . . . | | 294 40 | 308 80 | 308 80 | 320 80 | 340 » | 340 » | 352 » | 376 » | 376 » |
| ouvrés . . . . . | | 314 40 | 328 80 | 328 80 | 340 80 | 360 » | 360 » | 372 » | 396 » | 396 » |
| brochés. . . . . | | 334 40 | 348 80 | 348 80 | 360 80 | 380 » | 380 » | 392 » | 416 » | 416 » |
| **Brodés au point passé :** | | | | | | | | | | |
| unis. . . . . . . | | 394 40 | 408 80 | 408 80 | 420 80 | 440 » | 440 » | 452 » | 476 » | 476 » |
| ouvrés . . . . . | | 414 40 | 428 80 | 428 80 | 440 80 | 460 » | 460 » | 472 » | 496 » | 496 » |
| brochés. . . . . | | 434 40 | 448 80 | 448 80 | 460 80 | 480 » | 480 » | 492 » | 516 » | 516 » |

## Tissus de coton colorés ou teints.

| QUALITÉ DES TISSUS | UNITÉ | du poids de 13 kg. ou plus par 100 mètres carrés et présentant en chaîne et en trame dans le carré de 5 millimètres de côté: | | | pesant 7 kg. ou plus, mais moins de 13 kg. par 100 mètres carrés et présentant en chaîne et en trame dans le carré de 5 millimètres de côté: | | | pesant 3 kg. ou plus, mais moins de 7 kg. par 100 mètres carrés et présentant en chaîne et en trame dans le carré de 5 millimètres de côté: | | |
|---|---|---|---|---|---|---|---|---|---|---|
| | | 27 fils élémentaires ou moins | de 27 à 38 fils élémentaires | plus de 38 fils | 27 fils élémentaires ou moins | de 27 à 38 fils élémentaires | plus de 38 fils | 27 fils élémentaires ou moins | de 27 à 38 fils élémentaires | plus de 38 fils |
| Unis | 100 KILOGRAMMES | 97 » | 109 » | 109 » | 119 » | 135 » | 135 » | 145 » | 165 » | 165 » |
| Ouvrés | | 117 » | 129 » | 129 » | 139 » | 155 » | 155 » | 165 » | 185 » | 185 » |
| Brochés | | 137 » | 149 » | 149 » | 159 » | 175 » | 175 » | 185 » | 205 » | 205 » |
| **Brodés à chaînette:** | | | | | | | | | | |
| unis | | 297 » | 309 » | 309 » | 319 » | 335 » | 335 » | 345 » | 365 » | 365 » |
| ouvrés | | 317 » | 329 » | 329 » | 339 » | 355 » | 355 » | 365 » | 385 » | 385 » |
| brochés | | 337 » | 349 » | 349 » | 359 » | 375 » | 375 » | 385 » | 405 » | 405 » |
| **Brodés au point passé:** | | | | | | | | | | |
| unis | | 397 » | 409 » | 409 » | 419 » | 435 » | 435 » | 445 » | 465 » | 465 » |
| ouvrés | | 417 » | 429 » | 429 » | 439 » | 455 » | 455 » | 465 » | 485 » | 485 » |
| brochés | | 437 » | 449 » | 449 » | 459 » | 475 » | 475 » | 485 » | 505 » | 505 » |
| *Mélangés de soie en quantité inférieure à 12 0/0* | | | | | | | | | | |
| Unis | | 137 » | 149 » | 149 » | 159 » | 175 » | 175 » | 185 » | 205 » | 205 » |
| Ouvrés | | 157 » | 169 » | 169 » | 179 » | 195 » | 195 » | 205 » | 225 » | 225 » |
| Brochés | | 177 » | 189 » | 189 » | 199 » | 215 » | 215 » | 225 » | 245 » | 245 » |
| **Brodés à chaînette:** | | | | | | | | | | |
| unis | | 337 » | 349 » | 349 » | 359 » | 375 » | 375 » | 385 » | 405 » | 405 » |
| ouvrés | | 357 » | 369 » | 369 » | 379 » | 395 » | 395 » | 405 » | 425 » | 425 » |
| brochés | | 377 » | 389 » | 389 » | 399 » | 415 » | 415 » | 425 » | 445 » | 445 » |
| **Brodés au point passé:** | | | | | | | | | | |
| unis | | 437 » | 449 » | 449 » | 459 » | 475 » | 475 » | 485 » | 505 » | 505 » |
| ouvrés | | 457 » | 469 » | 469 » | 479 » | 495 » | 495 » | 505 » | 525 » | 525 » |
| brochés | | 477 » | 489 » | 489 » | 499 » | 515 » | 515 » | 525 » | 545 » | 545 » |
| *Mélangés de laine en quantité inférieure à 50 0/0* | | | | | | | | | | |
| Unis | | 117 » | 129 » | 129 » | 139 » | 155 » | 155 » | 165 » | 185 » | 185 » |
| Ouvrés | | 137 » | 149 » | 149 » | 159 » | 175 » | 175 » | 185 » | 205 » | 205 » |
| Brochés | | 157 » | 169 » | 169 » | 179 » | 195 » | 195 » | 205 » | 225 » | 225 » |
| **Brodés à chaînette:** | | | | | | | | | | |
| unis | | 317 » | 329 » | 329 » | 339 » | 355 » | 355 » | 365 » | 385 » | 385 » |
| ouvrés | | 337 » | 349 » | 349 » | 359 » | 375 » | 375 » | 385 » | 405 » | 405 » |
| brochés | | 357 » | 369 » | 369 » | 379 » | 395 » | 395 » | 405 » | 425 » | 425 » |
| **Brodés au point passé:** | | | | | | | | | | |
| unis | | 417 » | 429 » | 429 » | 439 » | 455 » | 455 » | 465 » | 485 » | 485 » |
| ouvrés | | 437 » | 449 » | 449 » | 459 » | 475 » | 475 » | 485 » | 505 » | 505 » |
| brochés | | 457 » | 469 » | 469 » | 479 » | 495 » | 495 » | 505 » | 525 » | 525 » |

## Tissus de coton imprimés.

| QUALITÉ DES TISSUS | UNITÉ | du poids de 13 kg. ou plus par 100 mètres carrés et présentant en chaîne et en trame dans le carré de 5 millimètres de côté : | | | pesant 7 kg. ou plus, mais moins de 13 kg. par 100 mètres carrés et présentant en chaîne et en trame dans le carré de 5 millimètres de côté : | | | pesant 3 kg. ou plus, mais moins de 7 kg. par 100 mètres carrés et présentant en chaîne et en trame dans le carré de 5 millimètres de côté : | | |
|---|---|---|---|---|---|---|---|---|---|---|
| | | 27 fils élémentaires ou moins | de 27 à 38 fils élémentaires | plus de 38 fils | 27 fils élémentaires ou moins | de 27 à 38 fils élémentaires | plus de 38 fils | 27 fils élémentaires ou moins | de 27 à 38 fils élémentaires | plus de 38 fils |
| Unis | 100 KILOGRAMMES | 154 40 | 168 80 | 168 80 | 180 80 | 200 » | 200 » | 212 » | 236 » | 236 » |
| Ouvrés | | 174 40 | 188 80 | 188 80 | 200 80 | 220 » | 220 » | 232 » | 256 » | 256 » |
| Brochés | | 194 40 | 208 80 | 208 80 | 220 80 | 240 » | 240 » | 252 » | 276 » | 276 » |
| **Brodés à chaînette :** | | | | | | | | | | |
| unis | | 354 40 | 368 80 | 368 80 | 380 80 | 400 » | 400 » | 412 » | 436 » | 436 » |
| ouvrés | | 374 40 | 388 80 | 388 80 | 400 80 | 420 » | 420 » | 432 » | 456 » | 456 » |
| brochés | | 394 40 | 408 80 | 408 80 | 420 80 | 440 » | 440 » | 452 » | 476 » | 476 » |
| **Brodés au point passé :** | | | | | | | | | | |
| unis | | 454 40 | 468 80 | 468 80 | 480 80 | 500 » | 500 » | 512 » | 536 » | 536 » |
| ouvrés | | 474 40 | 488 80 | 488 80 | 500 80 | 520 » | 520 » | 532 » | 556 » | 556 » |
| brochés | | 494 40 | 508 80 | 508 80 | 520 80 | 540 » | 540 » | 552 » | 576 » | 576 » |
| *Mélangé de soie en quantité inférieure à 12 0/0* | | | | | | | | | | |
| Unis | | 194 40 | 208 80 | 208 80 | 220 80 | 240 » | 240 » | 252 » | 276 » | 276 » |
| Ouvrés | | 214 40 | 228 80 | 228 80 | 240 80 | 260 » | 260 » | 272 » | 296 » | 296 » |
| Brochés | | 234 40 | 248 80 | 248 80 | 260 80 | 280 » | 280 » | 292 » | 316 » | 316 » |
| **Brodés à chaînette :** | | | | | | | | | | |
| unis | | 394 40 | 408 80 | 408 80 | 420 80 | 440 » | 440 » | 452 » | 476 » | 476 » |
| ouvrés | | 414 40 | 428 80 | 428 80 | 440 80 | 460 » | 460 » | 472 » | 496 » | 496 » |
| brochés | | 434 40 | 448 80 | 448 80 | 460 80 | 480 » | 480 » | 492 » | 516 » | 516 » |
| **Brodés au point passé :** | | | | | | | | | | |
| unis | | 494 40 | 508 80 | 508 80 | 520 80 | 540 » | 540 » | 552 » | 576 » | 576 » |
| ouvrés | | 514 40 | 528 80 | 528 80 | 540 80 | 560 » | 560 » | 572 » | 596 » | 596 » |
| brochés | | 534 40 | 548 80 | 548 80 | 560 80 | 580 » | 580 » | 592 » | 616 » | 616 » |
| *Mélangés de laine en quantité inférieure à 50 0/0* | | | | | | | | | | |
| Unis | | 174 40 | 188 80 | 188 80 | 200 80 | 220 » | 220 » | 232 » | 256 » | 256 » |
| Ouvrés | | 194 40 | 208 80 | 208 80 | 220 80 | 240 » | 240 » | 252 » | 276 » | 276 » |
| Brochés | | 214 40 | 228 80 | 228 80 | 240 80 | 260 » | 260 » | 272 » | 296 » | 296 » |
| **Brodés à chaînette :** | | | | | | | | | | |
| unis | | 374 40 | 388 80 | 388 80 | 400 80 | 420 » | 420 » | 432 » | 456 » | 456 » |
| ouvrés | | 394 40 | 408 80 | 408 80 | 420 80 | 440 » | 440 » | 452 » | 476 » | 476 » |
| brochés | | 414 40 | 428 80 | 428 80 | 440 80 | 460 » | 460 » | 472 » | 496 » | 496 » |
| **Brodés au point passé :** | | | | | | | | | | |
| unis | | 474 40 | 488 80 | 488 80 | 500 80 | 520 » | 520 » | 532 » | 556 » | 556 » |
| ouvrés | | 494 40 | 508 80 | 508 80 | 520 80 | 540 » | 540 » | 552 » | 576 » | 576 » |
| brochés | | 514 40 | 528 80 | 528 80 | 540 80 | 560 » | 560 » | 572 » | 596 » | 596 » |

## Mousselines et tissus de coton façon voile (graticolati).

| QUALITÉ DES TISSUS | UNITÉ | écrus | blanchis | colorés ou teints | imprimés |
|---|---|---|---|---|---|
| Unis | 100 kilogrammes | 200 » | 240 » | 235 » | 320 » |
| Ouvrés | 100 kilogrammes | 220 » | 260 » | 255 » | 340 » |
| Brochés | 100 kilogrammes | 240 » | 280 » | 275 » | 360 » |
| **Brodés à chaînette :** | | | | | |
| unis | 100 kilogrammes | 400 » | 440 » | 435 » | 520 » |
| ouvrés | 100 kilogrammes | 420 » | 460 » | 455 » | 540 » |
| brochés | 100 kilogrammes | 440 » | 480 » | 475 » | 560 » |
| **Brodés au point passé:** | | | | | |
| unis | 100 kilogrammes | 500 » | 540 » | 535 » | 620 » |
| ouvrés | 100 kilogrammes | 520 » | 560 » | 555 » | 640 » |
| brochés | 100 kilogrammes | 540 » | 580 » | 575 » | 660 » |
| **Mélangés de soie en quantité inférieure à 12 0/0** | | | | | |
| Unis | 100 kilogrammes | 240 » | 280 » | 275 » | 360 » |
| Ouvrés | 100 kilogrammes | 260 » | 300 » | 295 » | 380 » |
| Brochés | 100 kilogrammes | 280 » | 320 » | 315 » | 400 » |
| **Brodés à chaînette:** | | | | | |
| unis | 100 kilogrammes | 440 » | 480 » | 475 » | 560 » |
| ouvrés | 100 kilogrammes | 460 » | 500 » | 495 » | 580 » |
| brochés | 100 kilogrammes | 480 » | 520 » | 515 » | 600 » |
| **Brodés au point passé:** | | | | | |
| unis | 100 kilogrammes | 540 » | 580 » | 575 » | 660 » |
| ouvrés | 100 kilogrammes | 560 » | 600 » | 595 » | 680 » |
| brochés | 100 kilogrammes | 580 » | 620 » | 615 » | 700 » |
| **Mélangés de laine en quantité inférieure à 30 0/0** | | | | | |
| Unis | 100 kilogrammes | 220 » | 260 » | 255 » | 340 » |
| Ouvrés | 100 kilogrammes | 240 » | 280 » | 275 » | 360 » |
| Brochés | 100 kilogrammes | 260 » | 300 » | 295 » | 380 » |
| **Brodés à chaînette:** | | | | | |
| unis | 100 kilogrammes | 420 » | 460 » | 455 » | 540 » |
| ouvrés | 100 kilogrammes | 440 » | 480 » | 475 » | 560 » |
| brochés | 100 kilogrammes | 460 » | 500 » | 495 » | 580 » |
| **Brodés au point passé:** | | | | | |
| unis | 100 kilogrammes | 520 » | 560 » | 555 » | 640 » |
| ouvrés | 100 kilogrammes | 540 » | 580 » | 575 » | 660 » |
| brochés | 100 kilogrammes | 560 » | 600 » | 595 » | 680 » |

## Filés de laine.

| QUALITÉ DES FILÉS | UNITÉ | FILÉS DE LAINE CARDÉE | | | | | |
|---|---|---|---|---|---|---|---|
| | | simples | | | retors | | |
| | | écrus | blanchis | teints | écrus | blanchis | teints |
| 1. jusqu'à 10,000 m. par kilog. . | 100 kilog. | 45 » | 54 » | 70 » | 62 » | 71 » | 87 » |
| 2. plus de 10,000 m. » . | » | 55 » | 66 » | 80 » | 72 » | 83 » | 97 » |

| QUALITÉ DES FILÉS | UNITÉ | FILÉS DE LAINE PEIGNÉE | | | | | |
|---|---|---|---|---|---|---|---|
| | | simples | | | retors | | |
| | | écrus | blanchis | teints | écrus | blanchis | teints |
| 1. jusqu'à 50,000 m. par kilog. . | 100 kilog. | 60 » | 72 » | 85 » | 77 » | 89 » | 102 » |
| 2. plus de 50,000 m. » . | » | 75 » | 90 » | 100 » | 92 » | 107 » | 117 » |

## Tisseus de laine

| QUALITÉ DES TISSUS | UNITÉ | CARDÈE (a) du poids de 300 gr. ou moins par m. carré | CARDÈE (a) plus de 300 mais moins de 500 gr. | CARDÈE (a) plus de 500 gr. | PEIGNÉE du poids de 200 gr. ou moins par m. carré | PEIGNÉE plus de 200 mais moins de 500 gr. | PEIGNÉE plus de 500 gr. |
|---|---|---|---|---|---|---|---|
| Non imprimés | 100 KILOGRAMMES | 200 » | 175 » | 150 » | 250 » | 220 » | 190 » |
| Imprimés | | 250 » | 225 » | 200 » | 300 » | 270 » | 240 » |
| Brochés — non imprimés | | 240 » | 215 » | 190 » | 290 » | 260 » | 230 » |
| Brochés — imprimés | | 290 » | 265 » | 240 » | 340 » | 310 » | 280 » |
| **Brodés à chaînette:** | | | | | | | |
| non imprimés | | 400 » | 375 » | 350 » | 450 » | 420 » | 390 » |
| imprimés | | 450 » | 425 » | 400 » | 500 » | 470 » | 440 » |
| brochés — non imprimés | | 440 » | 415 » | 390 » | 490 » | 460 » | 430 » |
| brochés — imprimés | | 490 » | 465 » | 440 » | 540 » | 510 » | 480 » |
| **Brodés au point passé:** | | | | | | | |
| non imprimés | | 500 » | 475 » | 450 » | 550 » | 520 » | 490 » |
| imprimés | | 550 » | 525 » | 500 » | 600 » | 570 » | 540 » |
| brochés — non imprimés | | 540 » | 515 » | 490 » | 590 » | 560 » | 530 » |
| brochés — imprimés | | 590 » | 565 » | 540 » | 640 » | 610 » | 580 » |

(a) Ces droits sont applicables aux feutres qui ont jusqu'à 3 millimètres de grosseur, quelle qu'en soit la provenance.

# DISPOSITIONS SUR LES TARES LÉGALES

Le n. 574 du Recueil officiel des lois et décrets du Royaume, contient le décret suivant :

HUMBERT I<sup>er</sup>

*par la grâce de Dieu et la volonté de la Nation*

ROI D'ITALIE.

Vu l'art. 7 de la loi du 8 août 1895, n. 486 ;

Vu : l'art 2 du Décret Royal du 17 novembre 1887, n. 5084 (série 3<sup>e</sup>) ; les articles 9 et 10 du texte unique des lois de douane approuvé par Décret Royal du 8 septembre 1889, n. 6387 (série 3<sup>e</sup>) ; l'art. 2 du Décret Royal du 22 novembre 1891, n. 635, converti en loi ; l'art. 2 de la loi du 24 décembre 1891, n. 696 ; l'art. 4 du Décret Royal du 10 décembre 1894, n. 532 converti en loi ;

Vu les notes au n. 7 des dénominations du tarif général des droits de douane, approuvé par la loi du 14 juillet 1887 n. 4703 (série 3<sup>e</sup>) ;

Ouï le Conseil des Ministres ;

Sur la proposition de Notre Ministre, Secrétaire d'Etat pour les Finances ;

Avons décrété et décrétons :

ART. 1<sup>er</sup>.

Les dispositions sur les tares, contenues dans la table annexée signée par Notre ordre par le Ministre Secrétaire d'Etat pour les finances, sont approuvées.

ART. 2.

L'art. 2 du Décret Royal du 17 novembre 1887, n. 5084 (série 3<sup>e</sup>) ; les articles 9 et 10 du texte unique des lois de douane, approuvé par Décret Royal du 8 septembre 1889, n. 6387 (série 3<sup>e</sup>) ; l'art. 2 du Décret Royal du 22 novembre 1891, n. 635, et les notes du n. 7 des dénominations du tarif général des droits de douane, approuvé par la loi du 14 juillet 1887, n. 4703 (série 3e), sont abrogés.

ART. 3.

Le présent Décret sera présenté au Parlement pour sa conversion en loi avant le 31 décembre 1895 et entrera en vigueur le 7 octobre 1895.

Ordonnons que le présent Décret, muni des sceaux de l'Etat, soit inséré dans le Recueil officiel des lois et décrets du Royaume d'Italie et soit observé et fait observer par qui de droit.

Donné à Monza, le 10 septembre 1895.

(Signé) HUMBERT.

(Signé) P. BOSELLI.

Vu: *le garde des sceaux* (Signé) CALENDA DE' TAVANI.

# DISPOSITIONS SUR LES TARES

### Art. 1er.

Les droits de douane d'importation, sauf les exceptions établies par le tarif, sont perçus:

1° Sur le poids brut pour les marchandises soumises à un droit ne dépassant pas 20 lires les 100 kilogrammes.

2° Sur le poids net légal:

*a*) pour les huiles minérales de résine et de goudron soumises à un droit supérieur à lires 20 les 100 kilogrammes;

*b*) pour les sucres et le café;

*c*) pour les fils et les matières filées sur bobines en bois et soumis à un droit supérieur à 20 lires les 100 kilogrammes;

*d*) pour les autres marchandises soumises à un droit de 20 à 40 lires les 100 kilogrammes.

3° Sur le poids net réel pour les marchandises non spécifiées au n. 2, soumises à un droit supérieur à 40 lires les 100 kilogrammes.

Les droits de douane de sortie sont perçus sur le poids brut.

### Art. 2.

Le poids brut est celui qui résulte du pesage des marchandises avec tous les récipients et les enveloppes dans lesquels ils sont contenus.

Le poids net légal, pour les marchandises indiquées au n. 2 de l'article précédent, est déterminé en déduisant de chaque cent kilogrammes de poids brut les tares établies à la *Table des tares légales* ci-annexée.

Le poids net réel est celui qui résulte après avoir déduit tous les récipients et les enveloppes.

### Art. 3.

Les marchandises taxées au poids, importées en vrac, sauf les exceptions indiquées à l'art. 5, sont taxées sur le poids net. Pour celles dont le droit devrait être perçu sur le poids brut ou sur le poids net légal, on comprend aussi, dans le poids de la marchandise, celui des matériaux (planches, liteaux, paille etc.) qui ont servi à les étayer dans les véhicules pendant le transport.

ART. 4.

Le droit sur les marchandises taxées sur le poids brut est perçu sans déduire le poids des récipients extérieurs, même lorsque ceux-ci, par effet des prescriptions des articles 10 et 11, doivent être soumis au paiement du droit qui leur est propre.

On comprend également dans le poids des dites marchandises celui des récipients et enveloppes intérieurs qui ne sont pas soumis au droit qui leur est propre séparément du contenu.

ART. 5.

Les droits sur les liquides taxés au poids brut, importés dans des vagons ou sur des bateaux-réservoirs, est perçu sur le poids net légal accru de 20 pour cent.

Le droit sur la vaisselle en terre cuite, en majolique et en grès, sur les plaques et objets en verre ou de cristal, sur les terrailles et sur la porcelaine, taxés sur le poids brut et importés sans récipients, est perçu sur le poids net accru de 18 pour cent. Dans ce cas, le poids net est déterminé sans déduire la paille, l'étoupe ou autres matières semblables qui unissent deux ou plusieurs pièces ensemble, ou qui sont liées ou enroulées autour de pièces séparées pour les préserver des ruptures pendant le transport.

ART. 6.

Si les marchandises taxées au poids net légal sont contenues dans des récipients différents que ceux respectivement indiqués dans la table des tares légales, on procède comme pour les marchandises taxées au poids brut.

ART. 7.

Si les marchandises taxées au poids net légal sont contenues dans des sacs, des caisses ou petites caisses en bois commun brutes, dans des tonneaux ou barils en bois ou dans des paniers de nattes ou osier non dépouillé de l'écorce, ou contenues dans des récipients du même genre, on enlève d'abord le récipient extérieur, et ensuite, si c'est le cas, on applique la tare légale sur les colis intérieurs. Cette disposition ne s'applique pas aux marchandises pour lesquelles la tare légale est établie pour le double récipient.

La séparation du second récipient extérieur est également exclue lorsque le premier n'est pas complet.

Art. 8.

Dans le calcul des tares légales on tient compte des fractions de kilos jusqu'à un hectogramme. Les fractions d'hectogramme sont négligées si elles ne dépassent pas 50 grammes, et sont comptées pour un hectogramme si elles dépassent cette limite.

Art. 9.

Si un même colis contient des marchandises soumises à des droits différents, ou des marchandises taxées au poids avec d'autres taxées au nombre ou au volume, le poids des récipients extérieurs est réparti sur les diverses marchandises en proportion de leur poids respectif, sans déduire, pour celles avec récipients intérieurs, le poids de ces derniers; on procède ensuite comme si chaque marchandise était contenue dans un colis spécial.

Art. 10.

A l'importation des marchandises contenues dans des sacs simples ou doubles de tissu brut, il est perçu sur le poids de ces récipients la moitié du droit du tissu dont ils sont formés.

Cette disposition ne s'applique pas à l'importation des marchandises en sacs pour lesquelles la déduction de la tare légale est admise.

Art. 11.

A l'importation des marchandises contenues dans d'autres récipients extérieurs, il est perçu sur ces derniers le droit qui leur est propre, séparément de celui du contenu lorsqu'il s'agit:

*a*) de récipients de terre cuite, de grès, de majolique, de terraille, de porcelaine, de verre, d'osier dépouillé de son écorce, de tissu, de métal, de peau ou de matières assimilées aux précédentes par le répertoire du tarif, contenant des marchandises exemptes de droits ou taxées au poids net réel, au volume ou au nombre, ou taxées au poids brut d'un droit inférieur à celui du récipient;

*b*) de récipients de mêmes matières contenant des marchandises taxées au poids net légal d'un droit inférieur à celui propre du récipient dans le cas prévu par l'art. 6;

*c*) de récipients de toute autre matière qui ne soient pas employés usuellement comme emballage extérieur pour le transport des marchandises qu'ils contiennent.

Il est fait exception aux dispositions du présent article pour les récipients en fer contenant de la soude caustique, qui sont admis au même traitement que la marchandise qu'ils contiennent.

ART. 12.

Ne sont pas considérés comme récipients, pour les effets de l'article précédent, les nattes et les toiles de chanvre ou de jute brutes cirées ou goudronnées qui enveloppent les ballots. Les cercles en fer qui lient les ballots de marchandises exemptes de droit, ou taxées au poids net réel, sont soumis au traitement des riblons de fer.

ART. 13.

Sur les récipients intérieurs d'une matière quelconque, les petites caisses de bois commun exclues et sauf les exceptions indiquées aux articles 14 et 15, on perçoit le droit qui leur est propre lorsque les marchandises qu'ils contiennent sont en tout ou en partie exemptes de droits, ou taxées au poids net réel, au volume ou au nombre, ou taxées au poids brut ou au poids net légal d'un droit inférieur à celui qui est propre aux dits récipients.

Dans ces cas les récipients intérieurs et les marchandises qu'ils contiennent sont considérés, pour tous les effets de l'article 9, comme marchandises de qualités différentes contenues dans le même colis.

Les bobines et autres objets semblables, ainsi que les enveloppes de tissu, qui entourent les pièces d'étoffes, sont considérés, pour les effets de l'article précédent, comme récipients intérieurs.

Ne sont pas considérés comme récipients les papiers qui enveloppent les paquets, ni les lamelles en bois, les cartons, les petits cartons et les châssis en bois sur lesquels sont habituellement enroulés les tissus, les velours, les rubans et d'autres marchandises similaires.

Art. 14.

Sont soumis au même traitement que la marchandise qu'ils contiennent:

*a*) les récipients fermés hermétiquement qui, dans la vente au détail, ne sont pas séparés de la marchandise qu'ils contiennent ou ne peuvent plus servir après que celle-ci a été enlevée;

*b*) les récipients immédiats des marchandises qui, par disposition du tarif ou du répertoire, doivent être taxées sans déduire le poids des dits récipients;

*c*) les boîtes contenant du cirage;

*d*) les cartons, cartonnets, papiers et planchettes sur lesquels sont cousues ou autrement fixées des marchandises de toute espèce taxées au poids. Les fleurs artificielles, les plumes d'ornement, les marchandises indiqués à la VIII^e^ categorie du tarif, et les objets en métaux précieux sont exclus;

*e*) les cartonnets, les petites étoiles et les petits tubes en carton et autres objets semblables sur lesquels sont enroulés des fils de toute qualité ou des matières tréfilées;

*f*) les petits tubes d'étain contenant des couleurs, du savon ou d'autres matières semblables, en pâte ou liquides.

Art. 15.

Sont admis en exemption de droits:

*a*) les boîtes et les cartons contenant des échantillons sans valeur lorsqu'il est constaté en toute évidence qu'ils sont destinés à cet usage et proportionnés à la quantité et qualité des échantillons qu'ils contiennent;

*b*) les boîtes ou petites caisses contenant des cigares, des cigarettes ou du tabac préparé, importés pour usage personnel lorsqu'il est reconnu qu'elles sont d'un usage habituel pour le transport et la conservation des cigares, des cigarettes ou du tabac qu'elles contiennent.

Art. 16.

Aucune déduction de poids n'est admise pour les impuretés et pour l'état d'humidité des marchandises.

ART. 17.

Ne sont pas admises les réclamations, pour l'application des dispositions sur les tares aux marchandises déjà exportées de la douane et sur la qualification donnée aux récipients respectifs.

ART. 18.

L'application des droits différentiels aux marchandises provenant des pays qui soumettent à un traitement différentiel celles d'origine italienne, ne modifie pas le régime des tares auquel les mêmes marchandises sont soumises selon le tarif général.

ART. 19.

Par Décret Royal, ouï le Conseil d'Etat, les tares légales pourront être modifiées pour tout récipient et pour toute marchandise.

ART. 20.

Pour la décision des différences que pourrait faire surgir l'application des présentes dispositions on observera les règles établies par la loi du 13 novembre 1887, n. 5028 (3me série).

Vu d'ordre de Sa Majesté

*Le Ministre Secrétaire d'Etat*

(Signé) P. BOSELLI.

# TABLE DES TARES LÉGALES

| QUALITÉ DES MARCHANDISES | RÉCIPIENTS | Tare en Kilog. pour chaque cent. K. de poids brut |
|---|---|---|
| Huiles minérales de résine et de goudron soumises à un droit supérieur à 20 lires les 100 Kg. | Barils ou fûts de tôle de fer ou de bois cerclés en fer . . . . . . | 15 — |
| | Caisses de bois contenant chacune deux récipients en fer blanc. . . . . | 11 50 |
| | Récipients en fer blanc . . . . . | 4 — |
| | Dames-jeannes (1) ou autres récipients semblables . . . . . . | 8 — |
| Sucres (2) . . . | Sacs simples . . . . . . . . . | 1 |
| | Sacs doubles . . . . . . . . . . | 1 50 |
| | Paniers en jonc des Indes . . . . | 4 — |
| Café (2) . . . . | Sacs simples. . . . . . . . . . | 1 — |
| | Sacs doubles. . . . . . . . . . | 1 50 |
| | Toiles . . . . . . . . . . . . | 4 — |
| Fils et matières tréfilées soumis à un droit supérieur à 20 lires les 100 Kilog. . | Bobines en bois (3) . . . . . . . | 15 — |
| Plaques de verre ou de cristal . . | Caisses . . . . . . . . . . . | 15 — |
| | Cages (4) . . . . . . . . . . | 10 — |
| Objets de verre et de cristal . . . | Caisses et fûts . . . . . . . . | 20 — |
| | Paniers d'origine et cages (4) . . . | 12 — |
| Terrailles et porcelaines . . . | Caisses et fûts . . . . . . . . . | 20 — |
| | Cages (4) . . . . . . . . . . | 12 — |

(1) La tare légale pour les huiles minérales en dames-jeannes contenues dans des paniers en osier, mais pouvant être séparées de ces derniers, est déduite du poids brut des dames-jeannes dépouillées des paniers.

(2) Les tares légales établies pour le café et pour les sucres sont applicables seulement dans le cas où lesdites marchandises sont présentées au dédouanement dans les mêmes récipients avec lesquels elles sont arrivées directement de l'étranger. Dans les autres cas, le café et les sucres sont taxés au poids brut, même s'ils sont contenus dans des sacs, des toiles ou des paniers de jonc des Indes.

(3) Le poids net légal des fils et des matières tréfilées, enroulées sur des bobines en bois, est déterminé en déduisant la tare légale du poids des marchandises avec les bobines seulement.

(4) Sont considérés comme cages les récipients faits avec des planches ou des liteaux en bois, qui présentent, même sur une seule face, des interstices supérieurs à 15 millimètres dont la superficie ne dépasse pas celle occupée par les liteaux. Les récipients en forme de cage, qui présentent, même sur une seule face, des interstices dont la superficie est supérieure à celle occupée par les liteaux sont exclus du bénéfice de tares quelconques.

| QUALITÉ DES MARCHANDISES | RECIPIENTS | Tare en Kilog. pour chaque cent K. de poids brut |
|---|---|---|
| Extrait de viande (5) . . . | Caisses avec récipients en majolique, terraille, porcelaine ou verre. . . | 50 — |
| | Caisses avec récipients ou boites en fer blanc contenant chacun pas plus de 5 kilogrammes de produit . . | 30 — |
| | Caisses avec récipients ou boîtes en fer blanc contenant chacun plus de 5 kilogrammes de produit . . . | 16 — |
| | Caisses, tonneaux, barils, barattes, baquets en bois. . . . . . . . | 8 — |
| | Cages (4) paniers, couffins, cabas . | 5 — |
| | Colis totalement enveloppés de nattes ou de toile même cirée ou goudronnée, ou de nattes et toile cerclés en fer . . . . . . . . | 5 — |
| | Colis totalement enveloppés de nattes ou de toile même cirée ou goudronnée, ou de nattes et toile non cerclés en fer . . . . . . . | 4 — |

(5) Les tares légales, pour l'extrait de viande, se déduisent du poids brut avec la caisse extérieure sans séparation d'aucun récipient. A l'extrait de viande contenu dans des caisses, dans des récipients différents que ceux indiqués dans la présente table, est applicable la tare légale établie pour les caisses contenant « autres marchandises » soumises à un droit supérieur à 20 lires jusqu'à 40 lires les 100 kilogrammes.

Vu d'ordre de S. M.

*Le Ministre Secrétaire d'Etat pour les Finances*

P. Boselli.